U0492263

周计划表——写行程表细节、自己想做的事为主

本月可用额度 80000日元

将每月可用额度记上去，方便金钱管理。

11 November	4 MONDAY	5 TUESDAY	6 WEDNESDAY	7 THURSDAY	8 FRIDAY	9 SATURDAY	10 SUNDAY
			简报顺利完成，企划通过	运行测试顺利结束	会议取得共识，准时结束会议		
	☑ 查阅TOEIC相关资料	☑ 查找TOEIC参考书	□ 购买TOEIC参考书	□ 查阅TOEIC相关资料	□ 查找TOEIC读书方法	□ 研读TOEIC	
本周待办事项清单 □更新保险 □整理名片 □整理旧衣 □将《人人都要有会计思维》看完 □找理财类书籍	9–17 ☑ 整理名片 ☑ 整理旧衣	9–17 13 企划会议 □ 经费精算 □ 确认欢送会出缺席人员名单	8–17 □ 准备简报 □ 制作简报数据 20 □回家前顺便去书店	9–16 11:45 公司内部简报 □客户公司运行测试 20 □享用一杯咖啡	9–17 部门内部会议 14 □致电客户 □看草稿	□将《漫漫回家路》一次看完 □买洗衣粉 □整理旧书 □研读TOEIC	无所事事地度过一天
		收到上司送的礼物 还好没淋到雨		从客户公司搭出租车回来			
			幸好有事前准备，简报顺利完成了。准备真的很重要。	运用考试顺利完成，不过，去客户公司时差点迟到。下次前往时，时间需预留多一点。			

写下每天的待办事项，就是“筑梦行动”。一旦执行了，就在勾选方块中打钩。

事先将未来希望发生的事情写下来，就能实现。实现后再用绿色荧光笔标记起来，会更有实现的感觉。

花费超过30分钟处理的事情，无论家事或杂事都要记下来，才知道花了多少时间。

事先将每天上下班时间写上去，才能了解行程安排状况。将时间圈起来即可，才能避免笔记过于杂乱，移动时间则用虚线标示。

将时间圈起来即可，非整点的时间则用小一点的字体记上去。

只要有加班，就将箭头补画上去。

刻意将自己期待的行程记上去，让心情转换一下。

安排好无所事事的时间后，要事先涂满颜色，确保获得充分休息的时间。

记下“微小的幸福”，就能随时看见自己的幸福。收到“礼物”时以○做标记，发生“好运”时以◎做标记。

将成功经验或反省感想记下来，将更容易找出自己的成功模式。

裁切线

月计划表——填写“与他人的约会”为主

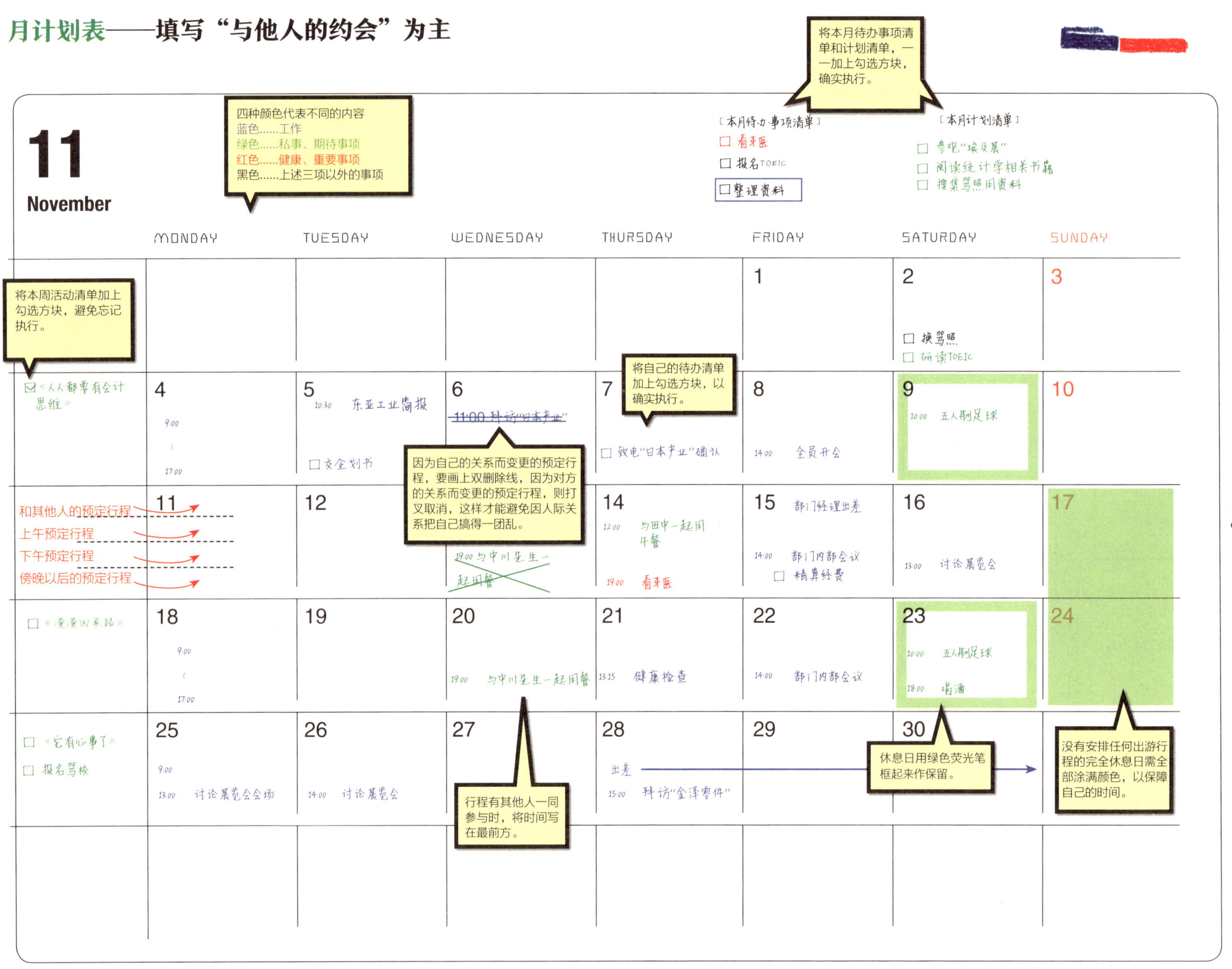

神奇手账

【日】佐藤惠◎著

蔡丽蓉◎译

北京联合出版公司
Beijing United Publishing Co.,Ltd.

图书在版编目（CIP）数据

神奇手账 /（日）佐藤惠著；蔡丽蓉译. —北京：北京联合出版公司，2021.5
ISBN 978-7-5596-4962-1

Ⅰ. ①神… Ⅱ. ①佐… ②蔡… Ⅲ. ①生活管理 Ⅳ. ①C913.3

中国版本图书馆CIP数据核字(2021)第013246号

神奇手账

作　　者：［日］佐藤惠
译　　者：蔡丽蓉
出 品 人：赵红仕
选题统筹：邵　军
产品经理：芳　菁
责任编辑：夏应鹏
封面设计：华夏视觉/李彦生 E-mail:250940264@qq.com

北京联合出版公司出版
（北京市西城区德外大街83号楼9层　100088）
北京联合天畅文化传播公司发行
河北华商印刷有限公司印刷　新华书店经销
字数200千字　880毫米×1230毫米　1/32　7印张
2021年5月第1版　2021年5月第1次印刷
ISBN 978-7-5596-4962-1
定价：49.80 元

人生，总是**花很多时间在找东西上。**

有没有什么
好意见？

笔放到哪里
去了？

那份资料
在哪里？

我的未来到
底在何方？

不管是有形的东西，
还是无形的东西，
我们都在不停地寻找。

但是老实说，
寻找就是一种对时间的
“浪费”。
当你在找笔的时候，
别人可能已经用你找笔的
时间赚了好几亿日元。

如果能**妥善地利用手账**，

就能省下找东西的时间，专注于行动。

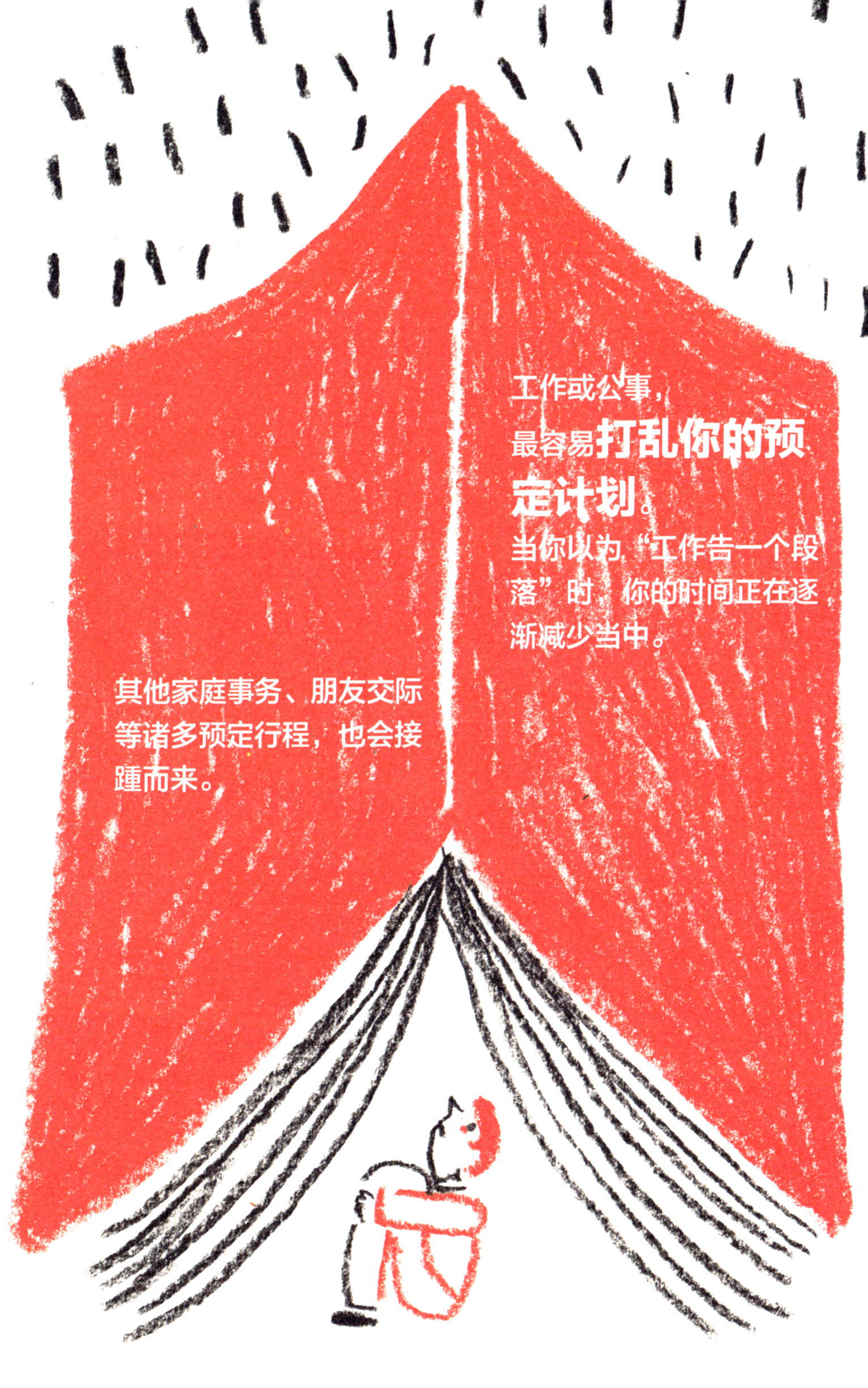
工作或公事，
最容易打乱你的预定计划。
当你以为“工作告一个段落”时，你的时间正在逐渐减少当中。
其他家庭事务、朋友交际等诸多预定行程，也会接踵而来。

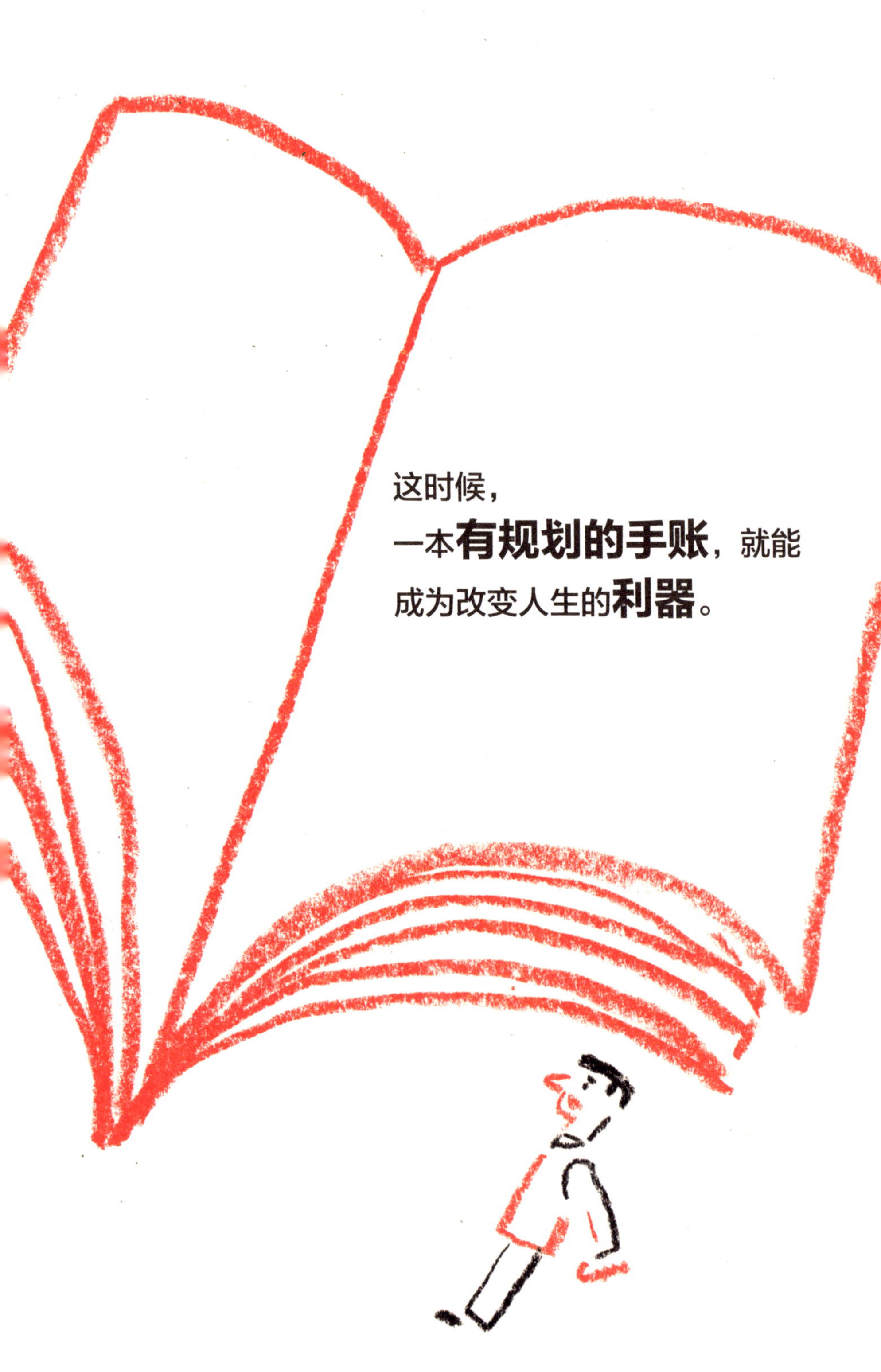

这时候，

一本**有规划的手账**，就能

成为改变人生的**利器**。

12
11
1
10
2
9
3
8
手账可以帮你
找回时间。
4
7
5
6

手账可以实现你的梦想，让你**达到目标**，
使灵感源源不绝，
让你更有动力追逐梦想！
善用它，
就能想做什么，
就做什么。

现在，
就把**手账**这个好工具，
立刻收进包里！

前　言

四色手账笔记术，从此改变你的人生

成功学、提升效率的方法、时间管理术、收纳整理术、加强沟通能力……在你的书柜里，是不是摆满了这类主题的图书呢？

如果你的答案是肯定的，你就要多加注意了，因为这些书就和“瘦不下来的减肥书”没什么两样，因为一时感到新鲜，忍不住买来看，看完之后觉得“好像是这样没错！”，但事实上你却什么都没有改变。唯有付诸“行动”的人，才能有所收获，而有所收获的人，一定会使用“手账”。

你有自信，能好好善用自己的手账笔记本吗？仔细回想你记录手账的方式——

“预定行程，都写在公司的日历上”，如果你是这样的人，就像不带武器上战场一样。

“虽然有手账笔记本，但大多是空白的”，如果你是这样的人，就像枪里没装子弹一样。虽然有手账，但在必要时完全派不上用场，顶多只能当作装饰而已。

手账可以规划行程、指引工作流程，就像横渡社会汪洋时必备的罗盘。有时也能成为“盾牌”，抵抗接踵而来的预定行程，游刃有余地安排时间，还能在胜负关头，成为你一举得胜的武器。

本书将介绍许多手账笔记本的活用方法，让每个人都能立即上手，使手账笔记本成为活用自如的武器。

· 利用时间管理法，让自己从枪林弹雨般倾盆而来的工作中全身而退。

· 借由灵感笔记法，让自己随时记录好点子。

· 通过击退“时间小偷”法，让你不用再“东找西找”。

· 克服惰性，打造积极的新生活。

这些都是学校没有教，但却是在社会上生存的基本常识。

过去苦于空想，一直无法开始行动的人，只要能好好活用手账笔记本，付诸行动，马上就能让生活有新的变化。

准备好一支四色彩笔，赶快来试试手账疗法，打造最强、最棒的自己吧！

CONTENTS

目录

结语

序章

选择手账笔记本和四色笔的三大原则

“手账”的功能，就是让你顺利安排待办事项，让工作和生活取得平衡，是掌握时间的好工具。在开始写手账前，该如何挑选合适的笔记本呢？

（1）选购手账笔记本，要同时有周计划表和月计划表

选购手账笔记本时，要具备以下两点：

- **月计划表——可记录每月预定行程，且能一目了然的页面**
- **周计划表——可记录每周预定行程，且能一目了然的页面**

希望各位千万别因为轻便而选购只有“周计划表”的手账笔记本。选购兼具月计划表与周计划表的手账笔记本，才能仔细掌控以一个月或一周为单位的时间。

此外，周计划表还分成以三十分钟为单位的直行型，以及

手账笔记本有两种，以“月”和“周”为单位

月计划表：掌握整月行程

可一眼掌握整个月的行程，有助于控制和管理自己以一个月为单位进行安排的行程与忙碌状况等。不过因为空白字段有限，所以最好搭配周计划表分类使用。

直行的周计划表

周计划表最大的优点，就是以每三十分钟为单位安排行程。本书中讲述笔记术的范例，基本上也是使用“直行”手账笔记本。

周计划表+空白笔记页

周计划表在左侧，右侧是空白的笔记字段。适合普通上班族，或是以一周为单位进行工作的人使用。

同时有周计划表和空白笔记页的类型。附有空白笔记页的周计划表，每天可做笔记的地方较小，如果想将手账当作打造新人生的武器，最好使用直行型的周计划表。

（2）手账笔记本的最佳尺寸，要能随身携带

尺寸方面，要以“随身携带”“适合自己生活形态”为优先考虑条件。最好能方便放进包里，或是放得进口袋里。当然也可以考虑外观设计，不过对于忙碌的人而言，还是选择笔记字段空间较大的手账笔记本为佳。

“手账笔记本的容量 = 工作能力”，所以手账笔记本的大小最好足以容纳自己每天的预定计划。

用过一次发现不好用时，再改用其他尺寸的，慢慢找出最适合自己的手账笔记本尺寸。

（3）牢记四色笔记规则，手账内容一目了然

另外，四色彩笔也务必要和手账笔记本一起带在身上。如果你常常用多种颜色做笔记，却总是忘记颜色代表的意思，只要遵守以下用法，就绝对不会再搞错。

本书将介绍四色手账笔记术，让你在使用手账时会更有效率。会使用到的颜色有蓝、绿、红、黑四种，如果外出时发现忘了带，也可以马上在便利店买到。

四色手账法与各色代表意义如下：

- **蓝色——工作。代表可冷静执行各项工作的颜色。**
- **绿色——私事。娱乐计划或是令人期待的预定行程，就用绿色做笔记。**
- **红色——健康等重要事项。红色为生命之色，也有危机管理的意思。**
- **黑色——杂事。与生活有关的琐碎杂事，就以代表平常心的黑色来做笔记。**

通过颜色的区分，就能清晰地看出在自己生活中，哪种类型的事情占了多少比例。

另外，请尽量使用多色彩笔，这样在做分色笔记时，就不必一直把笔换来换去，省得麻烦。而且使用多色笔时，每次用指尖按键换色所发出的咔嗒声，还有让人调适心情的作用。

不过可能有人担心“用圆珠笔写会擦不掉”的问题，但除了写错的时候，不建议使用修正带修改。因为你可以借由行程变更，记录当天的实际情形。将预定行程不断删除、对方时间一直变更等事实保留下来，更能正确掌握真实的情形。

而且除了四色笔之外，还需要准备一支绿色荧光笔，将休息日明显标记出来。

手账笔记本与四色笔，再加上绿色荧光笔，都是一般常见的文具用品，一定要事先准备好。

运用四种颜色，轻松写出达人级手账

蓝色——工作

绿色——私事

红色——健康等重要事项

黑色——杂事

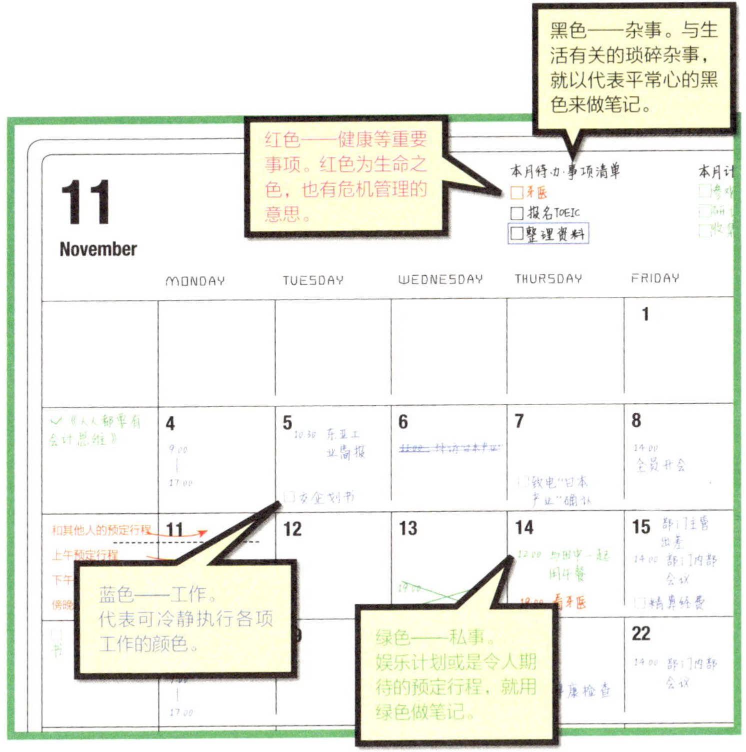

两大笔记原则，立刻找回属于自己的时间

选好手账笔记本后，接下来我要教大家做“周计划表”与“月计划表”的不同的笔记原则。

“后来才发现，我只会在月计划表上做笔记……”有这种烦恼的人，手账笔记本上一定没有“私人的行程”，完全是“为了别人（工作）在做笔记”。想要找回自己的时间与自我的人，要先记住下述原则：

- **月计划表＝以填写“与他人的约会”为主；**
- **周计划表＝以填写“自己想做的事”为主。**

只要能确实执行以上两大原则，你在时间管理上就会出现戏剧性的变化。

● 月计划表区分整月行程，最好记录“与他人的约会”

月计划表，可用来控制管理整个月的行程表，一眼就能区

分工作日与休息日，所以相当方便，但因为可做笔记的空间有限，所以主要用来记录“与他人的约会”，比方说工作上或家人间的约会，以及与朋友见面这类的约定。

将月计划表中每一日的空格，由上至下分成四等份，区分为和谁、上午、下午、下班后等时间段的预定行程，以便一眼就能分辨。当出现预定行程时，有些人会直接做笔记，但在使用月计划表时，不断从后面追加上去的预定行程，将会让整个页面看起来杂乱无章。

因为相关人员的预定行程也会影响到自己的预定行程，所以不妨在日期旁边的最上面一行记上“主管出差”“科长不在”等，记录除了自己以外，关系较为紧密的人员预定行程。这样一来，就能提醒自己“啊，明天主管要出差，所以今天得请他做决定才行”，让工作得以进行得更顺利。也可以写下家人的预定行程，以提醒自己。

另外还有一个小技巧想提醒大家：月计划表尽量以“可公开”的笔记方式填写，日后将会受用无穷。像约会这类的私事，不妨用只有自己看得懂的符号或英文字母来表示。

此外，填写月计划表时，有两项原则与周计划表相同：

· **与他人的约定：如“下午两点开会”，在事项前面先写上时间；**
· **自己想做的事（＝待办清单）：如“□经费精算”，在事项前加上勾选方块，完成时勾选。**

加上勾选方块后，除了能确认待办清单是否已经完成之外，也可以感受“已执行”的充实感与满足感。

事实上，“获得满足感”这点相当重要，别让自己老是被工作追着跑，而是去体会逐一完成每项工作后的满足感。勾选方块的具体效果与使用方法，将于后续章节中进行详细解说。

● 周计划表可检视每日进度，最好记录“自己想做的事”

对开式周计划表可记录一周的行程。以这一周或这一天必须完成的工作、想做的活动为主，将“与自己的约定”详细记录下来，就能与月计划表完全区分开来使用。

比方说，当天必须完成的“待办清单”，就记在周计划表上。最重要的就是在待办事项前，画上“□”。

需要列出几项待办清单，每个人的认知不同，不过建议大

月计划表
主要记录“与他人的约会”
11
November
本月待办事项清单
本月计划清单
优先写下与他人有关的事项，例如约会或应酬等，个人应做的事项清单则记录在周计划表。
MONDAY
THURSDAY
FRIDAY
SATURDAY
和其他人的预定行程
上午预定行程
下午预定行程

周计划表
主要记录“自己想做的事”
11
November
MONDAY
TUESDAY
WEDNESDAY
将自己的待办清单加上勾选方块，以确保执行。
本周待办事项清单

家将重要事情，或是需花三十分钟以上才能完成的事情，全部都记在待办清单上。除了工作之外，家事或私事，也可依照相同原则做笔记。

一开始或许会觉得很麻烦，不过将自己每天必须采取的行动转换成文字，加以可视化（看得见），就能掌控一整天的时间应如何运用。不断重复做笔记的同时，也能让自己在时间管理方面越来越进步。

加上时间和勾选方格，让你的生活一目了然

手账笔记本写下灵感和创意，随身带着走

我们可以搭配一个小工具，让手账的威力更加强大：小手账笔记本。通常在卖场里，会摆在手账笔记本旁边，比手账笔记本稍小、稍薄的小手账笔记本。小手账笔记本的尺寸，请选择可夹进手账里的大小。

别小看这本手账笔记本，它可以激发你的灵感或创意，成为强大的武器。

无法写在手账月计划表或周计划表里的内容，或是突然迸发的灵感，都可以记在这本"小手账笔记本"里。

例如，没必要写在工作用笔记本上，但却想记下来的关键词、想法等，以前总是不知道记在哪里好的事情，都可以自由地记在这本"小笔记本"[①]上。

"小手账笔记本"里可写上每天的待办清单，记下灵感，使用方法毫无设限。善用小手账笔记本，还有助于编写企划或汇

① 编辑说明：中国的读者们可以选购类似的小手账笔记本，只要记住，尺寸是"可以夹入手账笔记本内"的大小即可。

走到哪儿，写到哪儿，
梦想跟到哪儿！

尺寸轻薄短小，携带十分方便。内有6毫米×23行横线，适合以书写文章式笔记为主的人使用，有可撕式设计。

薄型笔记，柔软封面以高级手账专用纸制成。空白内页，可自由地随手涂鸦，有可撕式设计。

整思绪，甚至能成为各位的“灵感百宝书”。至于搭配计算机或手机的使用方法，将另于后续章节中做介绍。

另外，手账笔记本末页所附的空白笔记页也十分珍贵，希望大家能好好利用。建议可将“全年度”有关的活动清单记在这里。例如：

- **“年度清单”可规划一年后的个人目标；**
- **“人生清单”可规划未来几年的个人目标；**
- **“活动时间表”可记录每年度同一季节想进行的计划；**
- **“禁止清单”可设定自己的原则，例如“假日不看工作相关的电子邮件”；**
- **“五十大目标”记下一年内想完成的事项；**
- **“购物清单”可汇整目前想买的东西。**

手账后面空白笔记页的优点是，附在手账最后，可以经常翻阅。一年内想达成的目标、日常生活中想留意的事项，只要写在空白笔记页上，就能让实现的可能性大增。

或许有些人会抗拒将这类目标或理想写在手账上，不过，

达人才知道！

手账后面的空白笔记页，也可以这样活用

编列“购物清单”，避免自己冲动购物，有效理财。

购物清单

No	日期	物品	预算	实际花费	购入日
1	12/1	冬季大衣（咖啡色、羊毛）	40000日元	38900日元	12/21
2	12/1	手表	20000日元		
3	12/10				

列出“年度列表”，可以设定年度目标

A健康		趣
打造肌肉型 康身材 （□每周去一次 健身房） 每周放自己一整 天假	（还差1000000日元）	始跑马拉松 爬山
B穿着打扮		F私生活
保持干净整洁 的外表 让别人称赞自己 很帅	年度计划 今年主题为“提 升工作能力！”	与女朋友幸福快 乐生活
C心灵、精神面	D工作	E进修
坚持原则 让梦想更加明确	让自己交出成绩单 具备企划能力 踏实的工作 开发新客户	TOEIC 800～900分

光是“写下来”，仅是通往目标的第一步。不想让其他人看见的话，可利用可撕式胶带贴起来。

先通过“写下来”的动作，将各位的梦想具象化，朝着自己的理想蓝图跨出第一步吧！

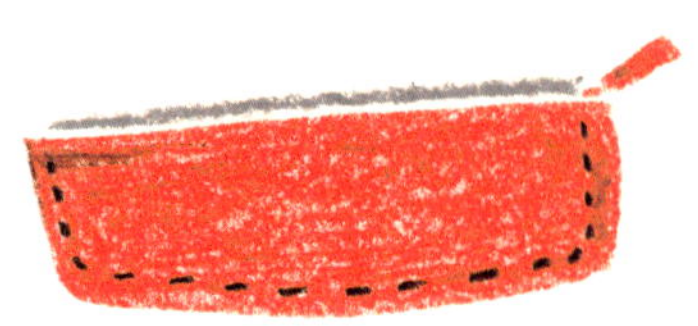

第 1 章

用手账找回属于你的时间

让看不见的时间，变成看得见的时间

许多人每天忙于工作时，都会感觉“拼命工作，却怎么做也做不完”。

原本打算今天完成的工作或文件，却花了超出预估的时间。就像连锁效应一样，接下来的预定行程或工作不得不延后，最后非加班不可，或是带回家继续工作，造成私人行程被迫取消……各位是否把这种情形视为“理所当然”或“不得已”，而勉强自己忍受？

● 天天加班，真的是因为工作量多吗？

许多人很容易将这种情形，归咎于“工作量太多”。但是，果真如此吗？

其实，“无法确实掌控花费在工作上的时间”才是真正的主因。

举例来说，心里原本盘算着早上十点开始写“会议要用的企划书”，开始制作之前，预估会“花费一小时左右”，完成之后，再打电话给合作厂商，大约会在午休之前结束这两项工作……

不过实际上，你却花了两个小时写企划，完成后才发现已经到了午休时间，所以没办法打电话给对方……结果导致下午的工作被迫往后延。

造成你习惯拖拖拉拉的原因，就是对于完成工作的时间预估，过于自信。“可能需花费的时间”与“实际会花费的时间”，若是无法精准掌控两者间的差距，无论再怎么仔细地将行程记在手账上，计划总是会赶不上变化。

● 把开始时间“圈出来”，用时钟提醒自己注意进度

其实最重要的一点，就是你能确实分配多少时间给哪一项工作。这种时候，如果能善用手账，就能简单分配出每项工作的时间。

在开始进行工作之前，先在周计划表上将这份工作需要花费的时间写下来。将开始工作的时间圈起来，再画上箭头，连接至预定结束的时间。直接在周计划表上写上时间，会过于杂乱、不易辨识，所以只需将时间圈起来即可。

如果是四十五分钟或五十分钟这种非整点的时间，可将字体缩小一点，写在旁边。此外，若设定“一小时内写出企划书”的话，开始工作时，可将时钟放在眼前，提高自己在目标时间

内完成工作的决心。

因为是自己设定的完成时间，用时钟提醒，将工作假想为游戏般过关斩将，充满了趣味性。

● 用“箭头”标记结束，确实了解每项工作所花费的时间

利用箭头将结束时间明确标记出来，也能暗示自己“必须在这个时间之前完成工作”。这样一来，自然就能减少容易拖延工作的“浪费时间行为”。

所以，当工作超过箭头标记时间或是必须加班时，千万不能将箭头擦掉，反而应拉长箭头来代表时间延长了。等到事后回顾时，就能清楚了解这项工作实际花费了多少时间，或是比预估时间超出多少，当下次再进行相同工作时，才能更妥善分配恰当的时间。

而且将加班时间补画上去，也能知道自己加了多少班，有助于管理工作时间与管理身体健康。

事先将每天的工作记在手账上，重复不断做笔记，就能更确切地分配时间，减少回家后或休息日到公司加班的情况。

不过，即使自己想在“一小时内解决”，还是可能发生突发事件。例如主管或部下发生问题、客户突然来电提出棘手要

求……因为这类突发事件造成工作中断必须延后时，“暂停手边工作的时间”也很重要。

当然，这些突发情况都要记在手账中，也需明确记下暂停时间，方便日后查阅。

只要在手账上将应做的事情写下来，让自己的工作“看得见”，就能找出空当。尚未完成的工作，或是必须优先完成的工作，就能先安插进空当来进行，无须再占用自己的私人时间。

● 月计划表上，在每个周一写出工作时间

很多人只会将“特殊预定行程”记在手账上，但是建议各位还是要养成习惯，将每天的工作时间也记下。

即使明知“一天有 24 个小时”，但还是很难确实掌握“真正的工作时间”与“自己的私人时间”有多少。所以要将每天的工作时间、工作内容记在手账中，加以“可视化”，才能将看不见的时间，变成“看得见”的时间，例如工作或私事在一天当中占了多少比例，在一周当中占了多少比例，在一个月当中占了多少比例……

每天记录会过于杂乱，所以月计划表只需在每周一写上工作时间。若工作时间不同，可于当日那一格另外写出工时即可。记

录周计划表时，则用蓝色笔在工作时间上画圈，再拉出箭头，时间若有所变动，则用虚线箭头表示异动。

另外，你可在周末假日安排“手账时间”，也就是在周计划表上写上自己下一周的工作时间。在周末安排“手账时间”，可以事先安排下周的预定行程。这个周末，就按照前面所说的笔记方法，开始你的手账新人生！

每天花费的“时间”，用手账就能看得很清楚

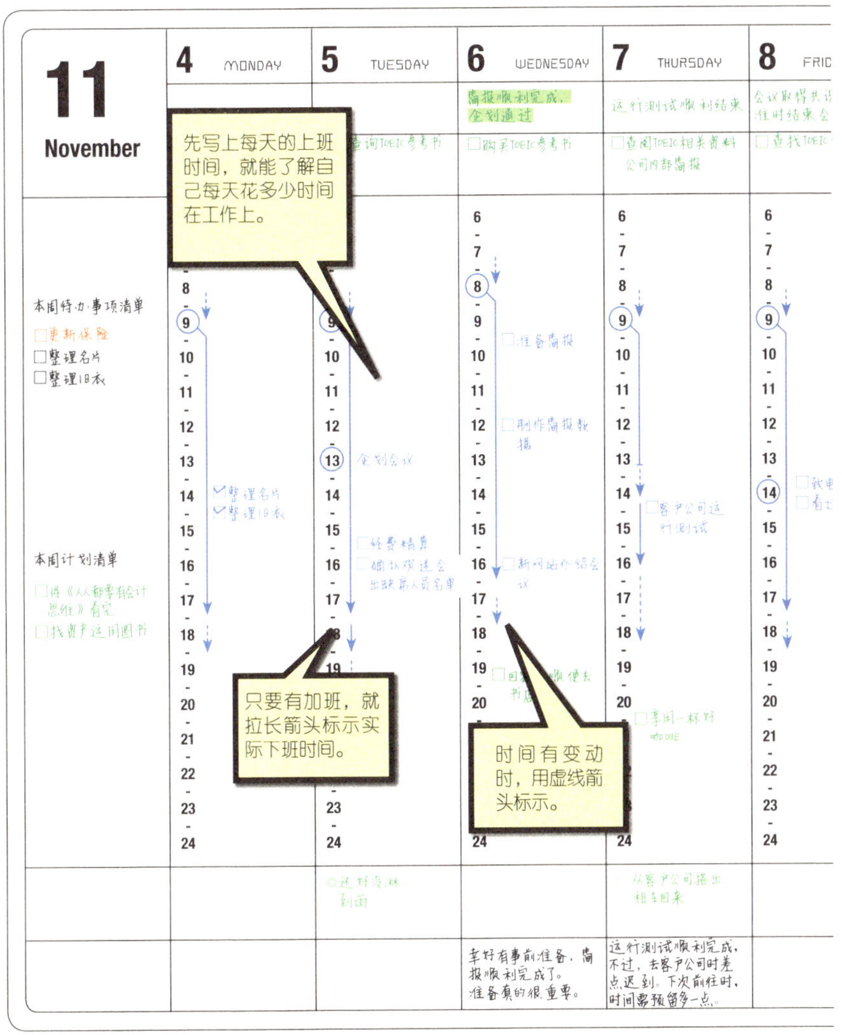

休息日的时间，也要写在手账上

自认工作很有趣，而且无论是工作还是私生活都过得很充实，但是，不知为何，最近身体总是感觉很疲劳……你是否有过这样的经历和感受？

请你打开手账中的月计划表检查看看，周末的行程是不是被排得满满的？

● 和朋友的饭局，不算是真正的“休息”

即使这些预定计划是“私人行程”，但都只能算是“娱乐”，并非“休息”。或许各位认为在精神方面感觉很快乐、很充实，不过身体上却只会越来越疲劳而已。

而且，有些人还会“利用周末进修，以提升工作技能”，简直就像把“工作”延长至假日，并无法获得充足的“休息”。身体不休息，就会越来越疲惫。无论你对自己的体力多有自信，也需要“休息”。

工作能力强的人，应该早就发现这个事实，拥有健康的身体，才能拥有最佳表现。每天被时间追着跑的生活，很难在工作上激发出好创意。

所以，每个月至少要空出一至两天，作为“完全休息的日子”，什么事情都不要做，或许有人会抱怨：“我根本挤不出那种时间来……”放心，这种问题，只要有手账和荧光笔就能得到解决。

● 休息日有两种，安排私人行程和完全休息

先检查一下月计划表，在没有安排行程的日子，将“休息日”用绿色荧光笔圈出来。然后，再将“休息日”分成两种：只画上绿色框框的，是“可以出游的休息日”=“私人行程”；画上框框后，再涂满颜色的则是“用来休息的休息日”=“完全休息日”。

这样一来，日后只需翻阅月计划表，就能得知自己每个月有几天“休息日”，甚至其中能获得多少“休息”时间，都能一目了然。事先规划休息日，能减少身体突然出现状况的意外情况。

决定休息日之后，在安排预定行程时，需尽量避开“完全休息日”。只要事先将“不出门的日子”空下来，就能避免在不知不觉间，又把周末的休息时间挪去忙其他事情。

用绿色荧光笔圈出休息日，让自己好好休息

- [ ] 报名TOEIC
- [ ] 整理资料
- [ ] 研读统计学相关图书
- [ ] 搜集驾照用资料

THURSDAY	FRIDAY	SATURDAY	SUNDAY
	1	2 ☐ 换驾照 ☐ 研读TOEIC	
7 ☐ 致电"日本产业"确认	8 14:00 全员开会	9 10:00 五人制足球	10
14 12:00 与田中一起用午餐 19:00 看牙医	15 部门主管出差 14:00 部门内部会议 ☐ 精算经费	16 13:00 讨论展览会	17
21 13:15 健康检查	22 14:00 部门内部会议	23 10:00 五人制足球 18:00 喝酒	24
28	29	30	

休息日，要用绿色荧光笔圈出来。

完全没有任何行程的日子，把整个字段涂满绿色，也可以使用擦擦笔。

不过，一想到“决定的事情就要遵守”，不免形成压力。所以可使用擦擦笔来标记，就算临时必须更改行程，也能用轻松的心情安排休息日。希望各位在休息日也能好好安排，为自己充充电，别让自己总是抱怨：“最近都没怎么休息，也该好好休息一下了……”而要将心态转变成：“这个月，一定要好好休息！”

每天规划一段专属自己的幸福时光

一开始介绍神奇的手账笔记术时，已向大家说明，要用四种不同颜色的笔来写手账，除了让内容更容易辨识之外，还具有几项重要的意义。

进入社会后，总是很容易将“工作”摆在第一位。公司会订立年度计划，为工作订出期限，公司与工作，总是很会压榨员工的时间。

● 公私事用不同颜色写，生活重心一目了然

但是为了出人头地，只好将工作摆第一！当各位有这种想法的时候，就会满脑子只剩下工作，而陷入“自己被公司‘利用’的氛围之中……这样一来，工作士气会变得低迷，造成每天工作时都感觉十分痛苦。”

为了避免情绪低落，建议将工作与私事用不同颜色来做笔记。“工作”用代表冷静沉稳的“蓝色”，“私事”则用代表放松的“绿色”，这样在查阅月计划表时，一眼就能掌握“私人计

划”占了几成，也可减轻“生活被工作占满”的感觉。

不过，即使预留了“私人计划”的时间，只要工作一忙起来，还是会不断出现工作超时或周末加班这类的情形，导致没时间做自己的事……

像这种时候，就要采取一些“保障自己的行动”，照顾自己。只要每天抽出一点空闲，将时间留给自己做些快乐的事，就能让每天过得不一样。

● 安排每天让自己开心的一项计划

这种手账笔记法，就叫作“□每日一绿”。在周计划表空白处，画上勾选方块，写下当天方便进行的“期待的待办清单”，并使用绿色笔来做笔记，绿色笔记要遵守下述三项条件：

- **尽量不花钱或花少量的钱就能完成的活动；**
- **可单独完成的活动；**
- **自己会期待的活动。**

比方说“和朋友去喝一杯”，这件事不但无法单独完成，还会花较多的钱，因此不适合作为“□每日一绿”的活动，反而

安排花小钱又令人期待的行程，为生活带来乐趣

时间				
6				
7				
8				
9		□准备简报		
10				
11				
12	□午休时间，看TOEIC参考书	□制作简报数据		
13	企划会议			部门内部会议
14			□客户公司运行测试	□致电客户 □看过草稿
15	□经费精算			
16	□确认欢送会出缺席人员名单	□新网站介绍会议		
17				
18				
19		□回家前顺便去书店		
20			□享受一杯好咖啡	
21				
22				
23				
24				
	◎还好没淋到雨		◎从客户公司搭出租车回来	
		幸好有事前准备，简报顺利完成了。准备真的很重要。	运行测试顺利完成，不过，去客户公司时差点迟到。下次前往时，时间需预留多一点。	

在最前方加上勾选方块，执行过后便打钩。

尽量不花钱或花少量的钱就能完成的活动、可单独完成的活动、自己会期待的活动，以上这些事项都用绿色笔做笔记。

应视为“私人计划”的预定行程。平常预定行程容易受对方时间所左右，也会衍生出费用，所以会形成一种压力。

而“□每日一绿”是为了让自己开心的待办清单，所以要安排可让自己轻松自在喘一口气的计划。例如“回家时顺便买瓶啤酒”“上下班途中在电车上看漫画”等，这些事情皆符合上述条件，所以可作为“□每日一绿”的参考。

最好在周末预定的“手账时间”，将一整周的“□每日一绿”活动安排好。一旦执行过后，便用绿色笔在勾选方块中打钩。用打钩的方式，可以获得“已执行”的满足感，也能真实感受到“把时间留给自己”的感觉。

虽然只是微不足道的小举动，但是每天安排一次“□每日一绿”，就能让各位的压力慢慢解除。为了维持身心的平衡，一定要记得“把时间留给自己”。

下班后想提升自己，手账是最佳工具

各位是否曾经想要取得证书，或是下班后想要提升自己，甚至为了实现梦想列出了一些计划，却因为每天忙个不停，而不断延后执行呢？

● 写出每日行程，找出下班后的自由时间

因为你的目标、理想、梦想在脑海中尚未明确成形，所以不清楚“每天应该采取什么行动”，这种时候，手账将成为你实现梦想的强大武器！

你要先确认，“可以自由运用的时间”到底有多少？用上一节介绍过的行程“可视化”作为基础概念，将每天的工作时间与私事，全都记在月计划表上。

很少人会习惯将“每天工作时间”这种例行性预定行程记在月计划表上，不过，你还是要照前文所述，务必将全部行程写在手账上。

这样一来，就会有很多人发现，自己可自由运用的时间，

其实比想象中要少得多。

无视生活中可自由运用的宝贵时间，当然永远挤不出时间进修。所以，请先利用手账，让可自由运用的时间“看得见”。

接下来，定出一个想达成的目标，并打开手账的周计划表，写在每日字段的上方空白处。

● 每天设定一小步，再忙也能朝梦想前进

接着，在每周末的“手账时间”，或者随时随地，只要一想到，就在当日上方字段画上勾选方块，并写下“为了达成目标，必须采取的行动”。因为与期待的愿望有关，所以最好用绿色笔写。

举例来说，当你的目标设定为“希望 TOEIC 拿到 800 分以上”时，就可以写下“看 10 页参考书”“上下班途中听英文会话教材”这类日常生活中可执行的行动——这就是你的“逐梦行动”。

一旦确定何时要执行之后，就要在此时间段画上勾选方块并记下来，这样才能使“执行”的意志更加坚定。而且执行之后，要在勾选方块内打钩。

此时最重要的，就是避免设定标准过高的目标。例如打算

先找出可用的自由时间，再安排每天的进度

下定决心跑马拉松的第一天，就训练自己跑了太长的距离，导致最后因为过于疲累，而无法持之以恒……这就和想进修技能时的行为一模一样，只会造成无法执行的勾选方块不断增加，造成精神层面的压力越来越大，最后反而无法持之以恒。

以“TOEIC 拿到 800 分以上”为例，只要依照下述方式进行即可：“星期一上网找参考书”“星期二决定买哪本参考书”“星期三购买参考书”。

甚至还可以将“上下班途中，利用手机寻找介绍读书方法的网站”这个行动记上去。这些每日筑梦行动不能过于勉强，你可以利用周末，预留完整时间读参考书，或安排看书的时间。与其“哪天一次性做完”，不如采取“从今天开始往目标一步步迈进”的作战方式，这样更能稳固地实现目标。

编列独家“每月行程表”，善用属于自己的时间

大家应该了解，即使像每天上班这类例行性活动，也应记在手账上，让每天的行程看得见，这样才能通过手账，实际了解“你所拥有的时间到底有多少”。

● 排出每月的行程规律，就能找出空闲时间

接下来，我们要进一步学到，如何利用手账将日常生活统统“文字化”，让时间变得更加有意义的“时间表”编列方式。

或许有人会质疑，为什么进入社会还需要时间表？不是只有学生才需要照表上课吗？列出“时间表”，可使生活过得有规律，方便自己准备所需物品，这么方便的工具，不好好应用实在太可惜了。

不过，社会人士和学生的“时间表”不同，并非以每周为单位，而是以“一个月”为单位进行时间安排。利用月计划表，将自己的日常行程文字化后，再将“每月时间表”编列出来。

翻翻前几个月的月计划表比较看看，无论工作还是私事，是否会出现“每个月例行性的预定计划”，比方说“每个月的第一个星期一上午，是部门内部全体会议”“每个月的第一个与第三个星期五，是新项目企划会议”。

私人行程方面也一样，例如“每个月的第二个与第四个星期五的晚上七点，要练习五人制足球”等，踢足球或是去上课之类的活动，其实是每个月，甚至是每周都会重复的固定行程。

● 了解每天的例行公事，轻松安排自己的人生

这类每周或每月的重复固定行程，大多数人都会直接记在脑中，不会特地记在手账上。但是，一旦临时发生状况，必须改期时，真的会不知道该如何重新安排，伤透脑筋。

现在只要将“每月时间表”编列出来，就能很清楚自己每个月的例行活动。只要以这些例行活动为主轴，加入新的预定计划即可。如此一来，行程表的安排会变得更加简单，也能开心度过在下班后安排的例行性活动，也就是充分享受自己的时间了。

“每月时间表”可利用附在手账末页的空白页面来编列，制作时可参考下文的范例。只将“基本上不做变更，即使其他预

定行程出现，也要优先进行”的预定计划，记在每月时间表里。除了上述的例行性预定行程之外，例如像“每周二的下午三点讨论工作”这种每周都会进行的工作，也可以记在每月时间表里。

预估偶尔会有所变更的预定行程，可画上波浪底线，以便一眼辨识出“可能变更”的活动。

将绝对不会变动的例行性预定行程，套用成行程表的基础范本后，自然就能形成每个月的规律变化，接下来只需善用剩余时间即可。事先掌握“每个月的律动”，即使几个月后的预定行程，也能轻轻松松地安排进行程表里。

当年终公布每月新的例行性预定行程后，就要赶快做笔记，“每月时间表”将会成为你从繁忙工作中解脱的重要工具。

空白页的妙用①找出每个月的固定行程

	周一	周二			周五	周六	周日
第一周	10:00~ 全员开会				14:00~ 企划会议		
第二周						19:00~ 五人制足球	
第三周			12:00~ 部门内部会议		14:00~ 企划会议		
第四周			17:00~ 蛙泳			19:00~ 五人制足球	

利用手账的空白笔记页画出“时间表”。

先将每周固定的例行行程记下来，才方便安排后续的计划。写在这里的预定行程，尽量不要变动！

将可能变更的预定行程写在下方，较容易辨识。

九宫格暗示法，同时达成八项年度目标

“有梦想，却一直无法实现。”

“每年都会定下目标，结果一年过去了，却什么也没做到……”

你是不是也有这种烦恼？

● 除了目标，也要写下“如何做到”

其实，很多人和你一样，出现这种烦恼的原因，就是没将梦想或目标清楚地写在手账上。“想做那个”“想达成这个”，这些心情或想法是看不见的。

人都有个习惯，只会着手进行眼睛看得到的事情，或是迫在眉睫的事情，所以容易将眼前的事情摆在第一位。只会一直在脑中或心里空想着目标而无法付诸行动的人，其实是很难实现目标的。所以，你必须将目标确实地编列成“年度清单”。

在手账后的空白笔记页上，参考后文范例画出九个方块，并在正中央写上自己的姓名，以及今年的大目标。

其余八个方块，再分别依照“A 健康”“B 穿着打扮”“C 心灵、精神面”“D 工作”“E 进修（证书、知识）”“F 私生活”“G 兴趣”“H 金钱、物品”等领域，分别以条列式写出自己的目标、理想图。

举例来说，当决定“A 健康”的目标为“打造肌肉型健康身材”时，你就能清楚知道“想要达成目标，应该做些什么”。因此，目标或理想图的下方，需画上勾选方块，并具体写出待办清单，例如“□每周去一次健身房”“□每周跑步一次，每次40 分钟”。这样就能编列出一目了然的列表，清楚明白目标与理想图，以及为了实现目标所应采取的行动。

当然，想要取得证书的话，今年一整年都要在“E 进修（证书、知识）”方面多加努力才行！像这种时候，“A 健康”只要达到“维持健康”的程度即可。虽然目标写得很简单，比方说“尽量保留休息日”“疲累时就赶快休息”，但在无形中，你对于自己健康的管理就会和以往有极大的差异。

● 年度目标注意两点：一年内可完成 & 值得实现

当目标只有一个，例如“今年要做到 ××”时，就会忘记其他目标……这种情形经常发生在许多人身上。你可以在“年

度清单”的正中央，写下今年的大目标（今年的主题），并在周围八个方块中，分别填入与“今年的大目标”有关联的各项目标，自然就能完成顾及各层面的列表。

还有一点必须注意，就是目标不能定得过高。例如明明存款为零，却定下“一年内存款500万日元”的不合理目标，或是挑战今年不太需要取得的资格证考试，像这类不切实际的目标，都是不合格的。填入年度目标九宫格内的目标，得是“一年内可达成的目标”和“值得今年实现的目标”。

想成功就要怀抱适当的目标或理想。想想看，你一年内可以完成多少事情，同时清楚地记下来，这样手账才能开心地将目标与现实联结起来。

完成这份“年度清单”后，你可以用这个方式编列“人生清单”，将“一生想达成的目标”写下来。

同样分成八个领域，将自己“想过的人生”写下来。除了能让“未来的理想蓝图”变得更清晰，也能将注意力集中在眼前的目标，认识到“今年只要专注达成某项目标即可”。

空白页的妙用②定出多个不同方向的年度目标

A 健康	H 金钱、物品	G 兴趣
打造肌肉型健康身材 （□每周上一次健身房） 每周放自己一整天假	存款3000,000日元 （还差1000,000日元）	开始跑马拉松 爬山
B 穿着打扮		**F 私生活**
保持干净整洁的外表 让别人称赞自己很帅	XXX的年度计划 今年主要目标： 提升工作能力！	与另一半幸福快乐
C 心灵、精神面	**D 工作**	**E 进修**
坚持原则 让梦想更加明确	让自己交出成绩单 具备企划能力 踏实的工作 开发新客户	TOEIC 800～900分

利用手账的空白笔记页来编列。

明确写出“还差××日元”，鼓励自己。

正中央写上自己的姓名。

其中某项目标若能借由每一天一小步的“逐梦行动”加以执行的话，就能成为通往成功的捷径。

先排“大活动”，以免错过而后悔

报名资格证考试或研讨会、每年都会举办的活动、相关票券的发售等等，一年当中只有某个时期可以参加，但却因为忙碌而错过了，这种疏失其实经常发生。

● 一年一度的大活动，别再因忙碌而错过

如果下个月还有机会参加的话，只要记在手账的月计划表中即可，不过一年只会举办一次的活动，就没办法这样做了。买了新的手账后，却忘了记上去，等到想起来的时候，已经错过今年的机会……这种情形也有可能发生。

不管是在工作上还是在令人期待的私人计划中，都很容易发生错过某些行程的情形。错失准备季节性企划、忘了参加夏季野外演唱会、打算今年一定要去玩滑雪板却因为太忙而没办法去……只会一直在脑海里空想的话，无论什么计划都将难以实现。

不想做老是后悔的人，就要编列可清楚知道年度（四季）

活动的“年度时间表”=“活动时间表”。将笔记页分成四区，再写上“春、夏、秋、冬”四季的既定活动。注意，这里也要用不同颜色的笔来做笔记，区分成工作（蓝色）与私生活（绿色）两个领域。

举例来说，像申请资格证考试的行程，已经知道大概的时间后，可在后方记上具体日期，甚至可同时记在月计划表上。

而且，要是因为忘记去报名而错过每年只举行一次的资格证考试，接下来就得再等一年……这样一来，读书的士气也会变得低落。

将“自己想做的事情”编列成“活动时间表”，就能清楚了解一整年的活动，避免“错过”的遗憾再度发生。

● 提醒自己下一季的重大工作，避免手忙脚乱

有些活动往年都会在某个季节举办，但是今年的报名日期却迟迟未公布——像这种日期较难确定的活动，只要在“活动时间表”上，将该活动在往年会举办的季节字段中做笔记，也能提醒自己。

这份以四季为单位的“年度活动时间表”，也可用来准备年度例行性工作。

例如，有些公司会在“每年秋天参展”，所以可在夏天字段内，用蓝色笔（工作的颜色）记上“□开始准备展览事宜”，每当翻阅手账时，就能提醒自己要准备参展的工作，这样才不会等到秋天快到时手忙脚乱。

更高明的使用方式，还能将每季的活动写在活动时间表上，例如“赏花”“赏月”“赏枫”等等，如此一来就能开心地欣赏四季之美。

善用手账，清楚地记下公司及自己感兴趣的年度活动，就能让你的一年过得更加充实。

空白页的妙用③掌握季节限定的活动

利用手账后的空白笔记页来编列。

活动时间表

春
□新人训练
□报名中小企业运营咨询师

关于"明年想做的事情"，工作事项记在虚线上方，私人事项则记在下方。

夏
□报名TOEIC（8月20日截止）
□新企划

□考取潜水执照

秋
□秋天展

□东京马
□富士摇
□隅田川

冬
□新人训
□中小企

□滑雪

一年后要换新的手账时，这一页便可当作上一年度的备忘录。

刻意留下“无所事事”的一天

为了让工作与私生活每天都能保持最佳状态，休息是必要的。但是，各位会不会因为无所事事而产生罪恶感?

● 在月初时定出什么也不做的完全休息日

难得的休息日，却睡到下午才起床；莫名奇妙就到了傍晚时分，想做的事却一件也没完成。内心懊恼不已的同时，却发现一天已经结束了……休息日总是这样度过，“感觉时间都浪费掉了”，接着新的一周便在心生罪恶感之下来到。这样的话，难得的休息日就会变得毫无价值。

休息日总是这样度过的人，最好“刻意预留时间，悠闲度过无所事事的一天”。将休息日的内容明确地和工作日区分，用绿色荧光笔将日期栏框起来的日子，就是“休息日”，不需要上班，于是安排和朋友聚餐、看展览等私人行程；而日期栏内，用绿色荧光笔涂满颜色的日子，则是“完全休息日”。

月初时，先检查一下当月计划表，确定哪一天为“完全休

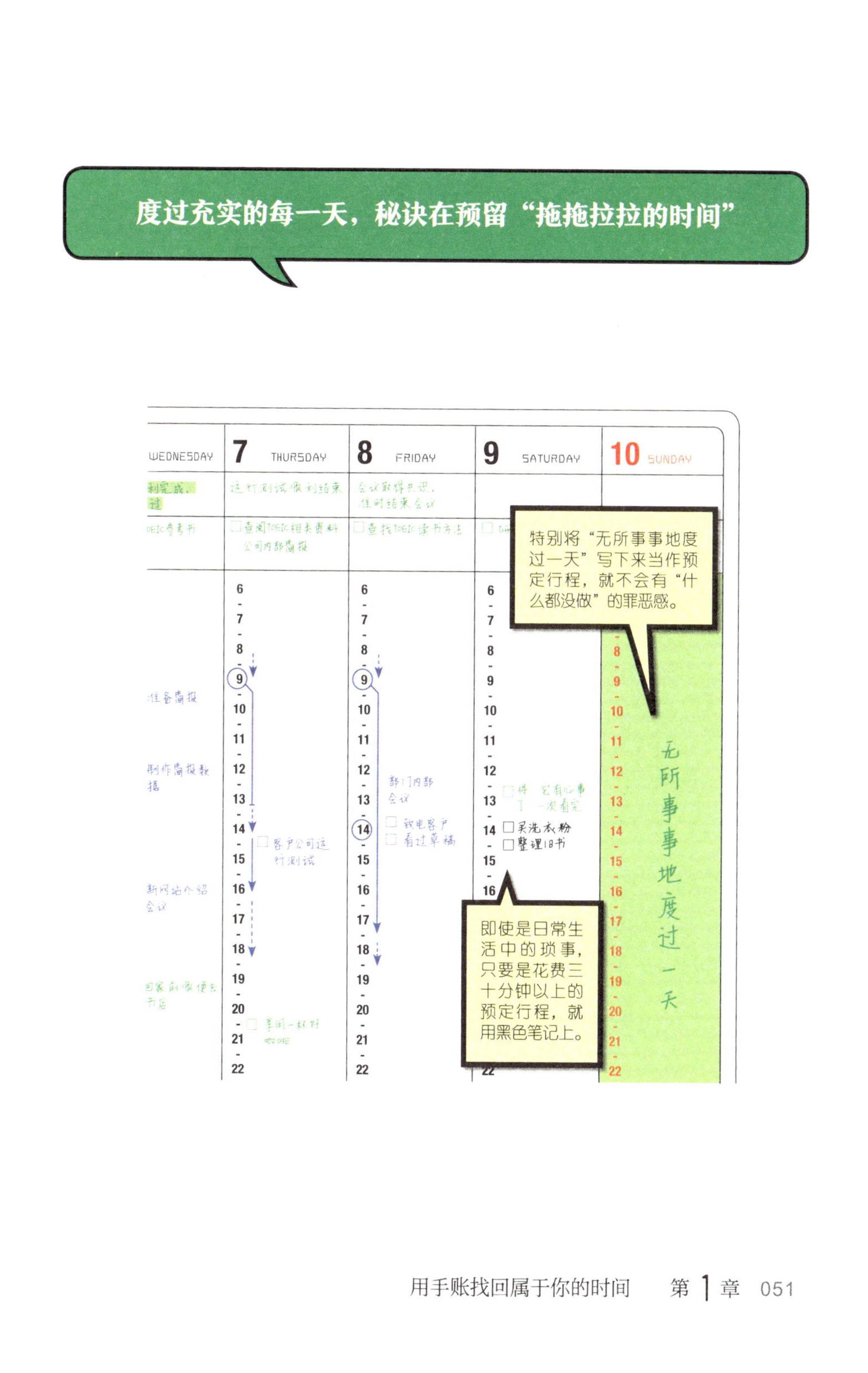

度过充实的每一天，秘诀在预留“拖拖拉拉的时间”

特别将“无所事事地度过一天”写下来当作预定行程，就不会有“什么都没做”的罪恶感。

即使是日常生活中的琐事，只要是花费三十分钟以上的预定行程，就用黑色笔记上。

息日”后，再在月计划表与周计划表上都写上“无所事事地度过一天”，最后用绿色荧光笔涂满颜色。

因为完全休息日那一格，已经被荧光笔涂满颜色，后续便无法加入新的预定行程；再将“无所事事地度过一天”写下来，当作“预定行程”，也能消除心中什么事都没做的罪恶感。

● 休息也是预定行程，降低浪费时间的罪恶感

设定为“完全休息日”的日子，连家里的“琐事”也尽量不要处理。只要一有打算“稍微”动手整理一下的念头，就会演变成大扫除，最后无法充分休息。

真想动手处理琐事的人，可利用上午或下午的时间来处理，确保至少有半天的休息时间。即使是“想利用休息日准备资格证考试”的人，也尽量利用这种方式来安排行程。

事前明确计划上午休息、下午准备考试，心里就会产生“好好休息过了”的满足感，也就不会在无所事事度过休息日后，又心生后悔的感觉。

“休息时间，好好休息”，这件事对于上班族而言是相当重要的。不管你的工作能力有多优秀，缺乏充分的休息，就会影响身体健康，得不偿失。

想要提升平日的工作效率，就要在休息日好好休息。利用手账安排“休息日”与“完全休息日”，避免心生罪恶感或懊恼的情形，度过有意义的周末和假日吧！

除了“该做的事”，也要记下“不该做的事”

“没办法每次都记手账”“一打开手账就会觉得很麻烦”，有这种感觉的人，手账上最大的共通点，就是记的全是该做什么的“工作清单”。每次一打开手账，总是一整面的“待办事项”，所以提不起劲来。

● 工作和私生活不分，一定会生病

为了扭转这个观念，最好将“不能做、避免进行的事情”写下来，将“禁止清单”记在手账上，就能成为保护自己的武器。

“休息日也得收发工作相关邮件。”

“工作得带回家里做，所以完全无法喘口气。”

因为是工作，所以不得不这么做——这种心情我完全可以体会，但是私生活与工作无法清楚区分的生活，无论在精神或肉体上，都无法好好获得调适。

前一节中已解释过“刻意预留时间，无所事事悠闲度日”的重要性，但是窝在家里，却反而会不自觉地拿起手机或平板电脑收发电子邮件，这种人应该还不少吧？结果只会不自觉地切换成工作模式，明明是私人时间，心情却总是无法转换过来。

好好想一想，这些电子邮件，难道非得收发不可吗？

当然，得视职业类别与状况而定，但若是没必要在周末收发公司邮件的话，最好将这个举动列在“禁止清单”上。

想要改善容易不自觉进行工作的行为，就得在手账的空白笔记页上，列出“禁止清单”。

● 加上替代方案，发现对你“最重要的事”

还有一个小秘诀，就是写下替代方案，解决这些“禁止清单”上的事情。例如，“禁止清单”上，“周末避免收发工作相关电子邮件”，替代方案就是“周一提早上班，利用早到时间回复所有邮件”。

单纯避免收发电子邮件，可能会让人心神不宁，但是只要提醒自己，可以在周一一大早回复所有邮件的话，就能消除周末不收发邮件的不安感。

保持健康不是“该如何做”，而是“不该做什么”

利用手账后的空白笔记页来编列。

写下休息日的“禁止清单”，使日常生活不再一成不变。

禁止清单

1 周六日避免收发工作相关电子邮件
→ 周一提早上班，利用早到时间回复所有邮件。

2 工作时避免挂在网上
→ 休息时间与上下班途中可以。

对此有所担忧的人，不妨写出替代方案。

3 避免接下太多工作
→ 找出“现在该做的工作”。

4 工作时，少喝咖啡
→ 一天最多只能喝一杯（且以微糖为主）。

这份清单，当然也能用来提升工作上的表现。例如习惯工作时挂在网上的人，就可以列出“工作时避免挂在网上，休息时间与上下班途中可以”来提醒自己。除此之外，习惯接下过多同事委托的工作，让自己手忙脚乱的人，可以写下“避免接下太多工作，找出‘现在该做的工作’”，提醒自己在接下工作前，“先缓口气”地自问自答一下。

只要像这样列出“禁止清单”，最后不但能让工作表现更加亮眼，还能减少使自己浪费时间，又无法充分休息的事情。

专栏 1

手账，是最好的健康管理工具

● 留意自身健康，也是重要的每月待办事项

工作忙碌时，总是很容易将健康管理丢在脑后。满脑子只有工作的人，最常发生这种情形。

危害健康的问题，单靠日常一点点的注意，是预防不了的。外表看起来中气十足的同事或主管，某日突然因为受伤或生病而申请退休的事例，很多人身边应该曾经发生过吧？千万别以为与自己不相干，因为这随时都可能发生在你我身上。

特别是公司没有安排定期体检的人，就算有时在脑海中闪过“每年都应该做一次健康检查”的念头，但是，一想到“何时去”的问题时，就会不知不觉把这件大事往后拖延。

因此，像这类与健康相关的事项，更应该记在月计划表中，提醒自己千万不能忘记。但是这种预定行程，可能迟迟无法决定前去体检的确定日期。所以可用月计划表右上方的字段，记在“本月待办事项清单”或“本月计划清单”上。

凡看牙齿或定期健康检查等非做不可的事情就记在“本月待办事项清单”字段上。最重要的一点是，与健康相关的事项，需用红色笔做笔记。一旦决定哪周可能可行时，就在该周旁边以“本周待办事项清单”的模式做笔记，这样才不会忘记预约。当然，预约之后就要在当天字段记上预约时间。

例如“去按摩”“去健身房运动”等，虽然并不是非做不可，但是执行欲望十分强烈的事情，也可以全部记在“本月计划清单”上。

● 把运动计划写进手账，天天做就变成习惯

特别是因为工作关系造成运动不足的人，没有特别注意就会忘记要去运动，最好将具体的次数写下来，例如“每月去两次健身房”，数字化后才容易计算是否有达成目标，也能督促自己。因为运动也与健康有关，所以需用红色笔做笔记。

此外，其中可能有人“因为体检结果，而被医生建议需要运动或减肥”。像这种时候，就得将每天与减肥有关的行动，记在周计划表上。例如“每天至少步行一个车站的距离”“爬楼梯”等，简单的待办清单即可。如果想利用上下班途中的时间走上一个车站的距离，那就在当天上下班途中时间附近画上勾选方块

预约挂号，在一周内的任何一天都能进行，可以记在“本周活动清单”上。
与健康有关的事情，需用红色笔记在“本月待办事项清单”“本月计划清单”上。
除了画上绿色外框的休息日，也得重复确认是否有涂满颜色的“完全休息日”。
本月待办事项清单
MONDAY
TUESDAY
WEDNESDAY
THURSDAY
FRIDAY
SATURDAY

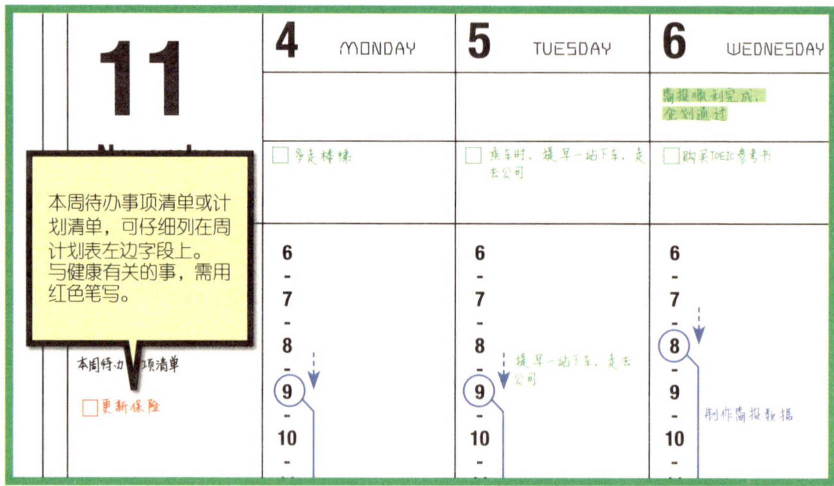

本周待办事项清单或计划清单，可仔细列在周计划表左边字段上。与健康有关的事，需用红色笔写。
4 MONDAY
5 TUESDAY
6 WEDNESDAY
本周待办事项清单
更新保险

（此为二次记录），将“何时进行”加以可视化。步行一个车站的距离后，就在勾选方块内打钩，才能提升成就感。如果能把步行一站地变成习惯的话，那就更好了。这样即使不使用手账，也一定能减肥成功。

容易拼命过头的人，可以参考前文所介绍的，安排“完全休息日”。每个月保留几天哪儿都不去，只待在家里休息！只要有这种决心，就能预防自己的身体在不知不觉间变得精疲力尽。

忙得不可开交时，更要刻意预留完全休息的一天，或许各位会觉得这样太浪费时间，但这才是真正在“投资时间”。善用手账，每天多关心自己的身体，避免健康出现状况，才不会后悔莫及。

第2章

定期整理收件箱，再也不会忘了回复

● 整理电子邮件的首要秘诀：分类

“没想到堆了这么多未读邮件。”

“忙到焦头烂额，连电子邮件都忘记回。”

这些都是使用手机与电脑的烦恼，乍看之下，好像与手账扯不上边，不过这些烦恼都能通过手账解决，只要注意两个重点：

① 将整理邮件的步骤养成习惯；

② 将手账当作“索引”。

善用手账，很容易帮你将一个行动养成习惯。比方说，每天整理堆积如山的电子邮件。首先需养成的习惯，就是“邮件分类”。

“邮件分类”就是区分必须回复的邮件与不必回复的邮件。当然，垃圾邮件或不看的广告信件，就直接丢进回收站里。不想再收到相同信件时，最好将邮件设定为拒收。

● 将待回复的邮件设为“草稿”，午休后回复

接下来，将剩下的邮件一一开启，并马上判断“是否为必须回复的邮件”，需要回复的邮件便设定为“草稿”状态，并存放于草稿箱中。将邮件设定为拒收时，只需在“邮件分类”当下顺便进行设定。

虽然一一回复需要一点时间，不过“分类”并不会花太多时间。所以每次看邮件时，记得要先将“邮件分类”，务必养成这个习惯。

只要能养成习惯，后续只需规划出时间，回复存放在“草稿箱”中的邮件即可。最佳时间，建议各位利用午休结束后必须开始工作，但却还提不起精神的时间段。

打开手账翻到周计划表，在当天下午一点左右的地方，画上勾选方块，并写上“回复今天所有邮件”的待办清单吧！

特地将回复邮件记在手账上，可能会感觉怪怪的。不过，主要目的是养成习惯，因此若能习惯成自然的话，就不需要再做笔记。持续将“回复邮件”这项预定行程记在手账上，一直到成为每天必做的“习惯”为止。

“邮件分类”作业就像确认联络事项一般，需养成习惯于上

班后立刻进行；时间上不急的话，也可以在午休结束后立即处理，这样才能避免一整个上午，都耗在处理邮件上。

邮件收发纯粹只是一种“联络手段”，并非实质的工作内容。所以一大早头脑最清晰的时刻，最好还是用来从事与创造相关的工作。

● 每周检查一次邮件，还可确认工作进度

另外想介绍给各位，只把“正在进行的工作”存放在收件箱中的小技巧。

首先，新增一个资料箱，并以自己目前负责的项目来命名。

接着，每周检查一次收件箱，并将工作完成的邮件移至该数据箱中。这是为了确认每周工作的完成度，所以最好在周五进行。尚未养成习惯前，可将“分类已完结项目相关邮件”以待办清单的方式，记在月计划表及周计划表上。此时若有不需要的邮件，删掉即可。

这样一来，电脑收件箱中自然就只会留下与“现在进行式的工作”相关的邮件，使必须进行的工作一目了然。

接下来，当自己负责的项目一结束，就要将数据箱删除，只留下还在进行中的项目数据箱即可。

从每日待办清单中养成好习惯

4 MONDAY	5 TUESDAY	6 WEDNESDAY	7 THURSDAY	8 FRIDAY	9
		简报顺利完成，企划通过	运行测试顺利结束	会议取得共识，准时结束会议	
☑查阅TOEIC相关资料	☑查找TOEIC参考书	□查阅TOEIC参考书	□调查TOEIC相关资料 公司内部简报	□查找TOEIC读书方法	□
6–24 ⑨ 13 □回复今天所有的邮件	6–24 ⑨ 13 □回复今天所有的邮件	6–24 ⑧ 9 □准备简报 13 □回复今天所有的邮件	6–24 ⑨ 13 □回复今天所有的邮件	6–24 ⑨ 13 □回复今天所有的邮件 15 □整理本周邮件	6–24
	◎还好没淋到雨		◎从客户公司搭出租车回来		
		幸好有事前准备，简报顺利完成了。 准备真的很重要。	运行测试顺利完成，不过，去客户公司时差点迟到。下次前往时，时间需预留多一点。		

还未养成习惯前，将回复电子邮件记在待办清单上。
习惯之后便不用再做笔记。

养成每周整理一次收件箱的习惯。

或许有人会认为，不把电子邮件留下来会有点担心，但是收件箱邮件过多，不但容易使电脑出问题，寻找某一封需要的邮件时也会花费许多时间，所以就这些缺点看来，上述整理方式会使工作更有效率。

年底整理通讯录，等于“整理人脉”

令人意外的是，手机里的通讯录，最容易让人忘记它的存在。几年前联络过，或是只交换过一次电话号码……这些人的名字，是否仍留在你的通讯录里？

即使突然想联络，也无法立刻找出需要的联络方式。翻阅通讯簿时，老是看到许久没联络的姓名一直跑出来，很容易让人分心……当注意力分散到不是现在应该进行的事情上时，其实也是一种时间上的浪费。

● 年底准备贺卡时，顺便整理通讯录

人生常常花费在“寻找”上，不断翻阅通讯录寻找联络方式，更是一种浪费时间的行为。若能每年好好整理一次通讯录，就能大幅减少这种时间的浪费。

整理私人通讯录时，可利用年底准备贺卡时顺便进行，这样整理起来就会相当轻松。打开十二月的月计划表，在“本月待办事项清单”字段记上“整理通讯录”。利用电脑管理手机或

手机通讯录的人，也可一并整理一整年的人际关系，可以说是一石二鸟之计。

整理通讯录时，一定会十分烦恼“谁应该删除？谁应该保留？”各位不妨以下述情况作为基准，那就是想起这个人时，会不会有“期待”的感觉。“期待”是很直觉性的反应，日后再理性思考与这个人的关系即可。

虽然不会令人期待，但最好还是留下联络方式……或许有些人会有这种想法，不过当对方不会令自己有所期待时，留下联络方式其实一点帮助也没有。

反而是删除后，真的需要再取得联络时，还是能够通过其他方法获得联络方式。所以应该一鼓作气彻底进行整理，这样一来，最后留在通讯录中的联络对象，将全部都是对自己有所帮助的人。

● 人际关系，反映你的真实生活

不可思议的是，当通讯录空出来后，还能让我们遇见想认识的人，或是遇到更好的机缘。如果各位很想和某人有更进一步的来往，将对方的联络方式储存在通讯录里的话，最好以“期待感（直觉）”作为基准，好好整理一下通讯录吧！

整理工作通讯录时的基本规则是相同的，只不过年底想要同时整理私人与工作通讯录可能会太过辛苦，所以不妨在“年度结束”时整理工作通讯录。记得在年度结束的三月左右，将“整理通讯录”记在“本月待办事项清单”上吧！[②]

“每年整理一次通讯录”，也是审视自己人际关系的大好良机。例如自己对某人有什么感觉（有无期待感）、对自己而言对方代表什么意义……对于平常总是视而不见的人，不妨好好整理一下自己对对方的感觉，这样甚至还能降低人际关系方面的压力。

---

② 编辑说明：日本的年度计算是每年三月。中国的读者可在新年前整理工作通讯录。

私人和工作上的通讯录，分年底／年度整理

养成备份习惯，减少生活中的突发状况

毫无理由的突然死机，造成电脑与手机的数据全没了！这种突发状况真的会让人发狂。电脑突然损坏、电脑遗失、电脑摔坏、电脑掉进水里、不明原因……你是否曾经因为突如其来的意外，而焦急大喊："我忘记备份了！"

● 把"备份"列入待办清单，养成习惯

其实，手账也能解决这样的问题，最重要的，是使用手账来养成"备份"的习惯。建议各位，最好每周备份一次较为妥当。

定期于方便的时间段，将"每周星期 × 的 × 点"进行备份的时间规划好，在周计划表中预定时间栏内，画上勾选方块并记下待办清单。月计划表中如果还有空间，也可以"重复记上"相同事项，执行后打钩，日后就能知道最后备份日期是哪一天。

有些人不太会用电脑，所以可能"不知道如何备份"，或是

“不知道如何与手机同步”，你可以问问身边对这方面十分熟悉的人。也可以在月计划表“本月计划清单”中，记上“确认备份方法”。

● 避免意外打乱生活节奏，新增手账笔记留心小细节

如果每天忙碌不停，就很容易忘记这些小事情，不过只要善用手账提醒自己，就能记得向同事或身边的人询问。

此外，也可以找出适合自己、最有效率的备份方式，例如只想备份特定文件夹而非整台电脑，或是只想将手机的通讯录同步等。这样一来，容易感觉“很费时间，太麻烦……”的备份工作，就能轻轻松松完成了。

最重要的就是养成习惯，只要养成定期备份电脑或手机数据的习惯，不管因为什么状况导致死机，都不会因此手足无措了。如果能将备份数据养成习惯，也就不需要再画出勾选方块提醒自己了。

虽然乍看觉得只是微不足道的小事，但是规避风险，也需养成习惯才行。

记下每日的“备份”行程，养成好习惯

5 TUESDAY　6 WEDNESDAY　7 THURSDAY　8 FRIDAY　9 SATURDAY

将备份时间写在待办清单上。

将网络资料纸质化，容易规划阅读时间

网络上的信息繁多，有时看到有趣的文章，却无心细细品味而一眼带过。即使订阅了认为很有意思的期刊，也总是堆在一旁，鲜少阅读，这样完全是浪费时间。

后续将介绍的“留下灵感”也是同样的道理，你只要能将灵光一现的信息储存起来，日后将成为你个人的宝贵资产，好好善用手账的功能，避免重要信息从指缝溜走。

● 网络上发现的重要信息，不再看过就忘

网络上的信息，最大的缺点就是“感觉量很多，却看不见”，或许你会认为，“只要将数据储存起来就好了”，但根本不会再看一次的数据保存越久，越会增加自己“还没看完”的精神压力，甚至会把自己逼得喘不过气来。

因此，即使是网络信息，想阅读却无法立刻进行时，建议各位“将所有信息一次打印出来”。

只要打印出来，就能实际感受到“信息量到底有多少”，还

有另外一个优点，就是容易预估“大概需花费多少时间才能读完”。而且打印出来之后，就能激发自己“要看完”的动力，也方便在搭乘交通工具时阅读。

其他情况下，例如外出时上网发现的文章，记得利用电子邮件将网址发到电脑，然后再将内容打印出来。这样一来，就能防止手机或平板电脑上，书签越变越多的情形。

● 手账笔记本写下关键词，管理每天获得的信息

倘若各位上网是为了搜寻某项信息，最有效的方法，就是打开周计划表，在“逐梦行动”栏中，安排时间收集想要的某类文章。

接着，如果你突然想到有关这个信息的关键词时，只要记在手账的周计划表或小手账笔记本上，无论何时的信息，都能立刻调查出来。也可以将打印出来的信息，贴在小手账笔记本上。

只要依照这种方式运用手账与小手账笔记本，就能有效地从网络洪流中准确地获取自己想要的信息。

用笔记下，会比单纯阅读，更有助于活化大脑里的记忆装置。此外，养成将关键词写下来的习惯还能强化搜寻关键词的

网络上的有用资料，也要仔细阅读

11
November

4 MONDAY
5 TUESDAY
6 WEDNE

研读网页打印文章

通过“逐梦行动”或待办清单，安排时间研读搜集的信息。

本周待办事项清单
更新保险
整理名片
整理旧衣

准备简报

词汇能力。

利用手账，也能收集整理凌乱的网络信息，利用手账笔记术，可以将“容易一眼带过的信息”，升级为“可立即运用的信息”。

灵感常在放松时出现，一定要安排休息日

很多人应该会有这种感觉，一旦被命令“现在立刻提出意见”时，再怎么想破脑袋，也很难在当下想出好点子。其实，灵感大多来自现有点子的变化组合，或改进不足部分所衍生出来的创意。关键便在于，如何将日常生活中萌发的灵感用心积累下来。

● 充分休息且随时笔记，发现更多好想法

灵感总是一闪而逝，所以被工作或时间追着跑的时候，其实很难激发出优秀创意。

因此，你要确实预留令人期待的独处时间。休息日除了维持健康之外，也可以用来激发灵感。随手翻阅杂志时映入眼帘的文章、随意转台时看到的电视节目、想透透气时出门逛街、休息日去看看美术展览。令人期待的时间越多，灵感涌现的创意数量也将呈正比成长。

因此，“休息日”十分重要，在月计划表中，预留出可放松心情的时间，并用绿色笔框起来，而且要把当天刻意设定为“悠哉

闲晃日”。可以去逛逛街东看看西瞧瞧，也可以到书店晃晃，甚至去看看感兴趣的博物馆或美术展，或是看看电影也不错。最重要的，就是让自己充满期待。

若是有想参加的活动，想看的展览或电影，可打开月计划表，记在“本月计划清单”上，这样就能避免“不小心忘记日期而错过”的情形。

● 抓住好点子，善用空白笔记页和小手账笔记本

当悠哉闲晃时想到什么好点子，别忘了记在手账的空白笔记页上，或是夹在手账的小手账笔记本里。不然，当灵感涌现时，即使马上做了笔记，最后却不知道丢到哪儿去了，或是因为手边没有手账笔记本，拖到后来却忘了这个好点子，都是很可惜的一件事。

关于这点，只要善用片刻不离身的手账，就能随时做笔记与修改。

不过手账的空白笔记页有限，所以觉得不方便随时记下灵感的人，则建议使用小手账笔记本来做笔记。

后续将另行介绍，汇整灵感与使用小手账笔记本时更有效率的方法。将灵光乍现的点子确实记录下来，就能随时运用了！

想到什么，通通写在小手账笔记本上

手账＋小手账笔记本配合，完整收集每个好点子

如果你也准备了一本夹进手账的“小手账笔记本”，这将成为你收集灵感的最大“武器”。

一开始在基本原则中也曾介绍过，小手账笔记本尽量选择轻薄尺寸，夹在手账里也能方便携带外出的款式。使用这本小手账笔记本时，记得将“开始使用日期”标示上去。

● 把手账当索引，找出小手账笔记本上的完整数据

小手账笔记本可以记录突然想到的灵感，而且在页面最上方，需用八个数字标示出日期（年／月／日），日后在整理信息时，标示日期将派上用场。举例来说，当你在某一天看到了一篇很棒的文章，只需在手账当天日期栏中写上：“小手账笔记本有记录”即可。这样一来，便可依照手账日期，找出小手账笔记本上的时间，就很容易查出当天自己保存了什么样的信息。

这就是一开始提到的，“将手账当作索引”的使用方法，可

以活用成各种形式，也将于后续章节中详细介绍。

在小手账笔记本上做笔记时，即使尚有空间，也必须以“每天一页”为原则，利用这种方式才会有助于日后翻阅查询。例如概念草图、广告标语、工作企划……什么都能记上去。

没有人知道何时会想到好点子，所以不妨将笔与可撕式便签，放在经常有灵感涌现的地方（如浴室、床边、厕所等）。只要灵感涌现，就马上记下来，然后贴在小手账笔记本上统一管理，用点心思，就能将重要的灵感笔记随时掌握在自己手中。

●“点子”邮件主题加上日期，方便日后查找

不过在乘坐交通工具时，有时不方便打开小手账笔记本，甚至也会遇到手上没笔的情形。像这种时候，可用手机发送写有点子的邮件到自己的电子邮箱里，将主题写成如“20201127笔记”之类，加上日期，日后整理时也会比较方便。

从手机电子邮件寄送过来的灵感，需储存在同一个数据箱中，积累到某种程度的数量后，利用 Word 一并复制整理后再打印出来。打印出来的资料可以折叠起来，贴在小手账笔记本上。

手机电子邮件的好处，就是连照片一起发送。这样对工作有所帮助的资料，就能汇整在一本小手账笔记本里了。

用手机看到的数据，可以先寄给自己

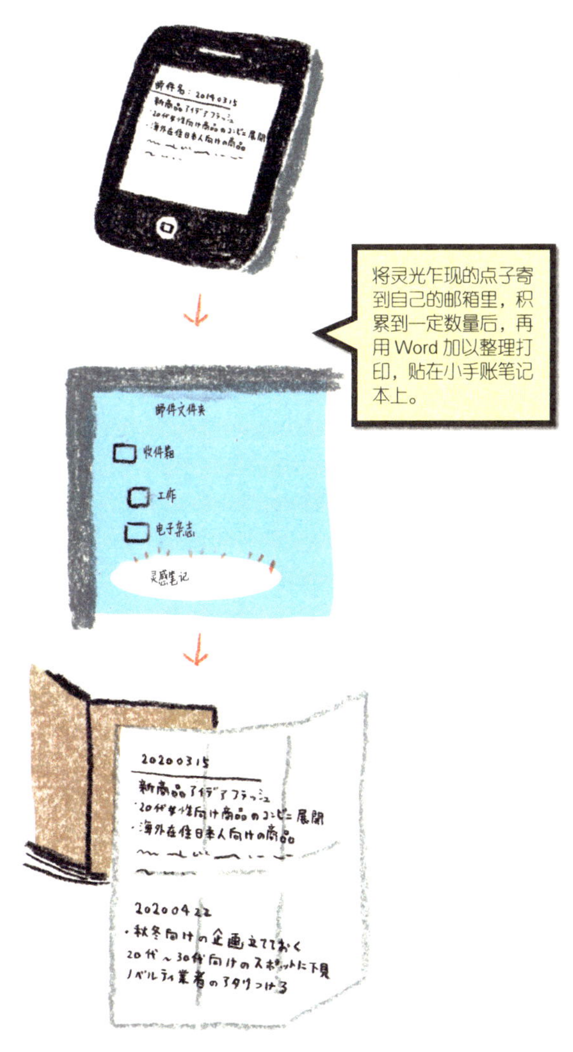

此外，每周最少要定期“整理灵感邮件”一次。即使尚未累积到一张 A4 大小的数量，也可以记录“本周自己的灵感究竟有多少”。记得在手账周计划表空白处，画上勾选方块，并写下“整理灵感”。这项作业与工作有关，所以也能在工作中进行。

任何微不足道的灵感，只要记录下来，就能成为对自己有所帮助的智慧武器。

用小手账笔记本累积好点子，打造专属灵感宝盒

小手账笔记本除了可以记下灵感，也能书写篇幅较长的日记或文章，甚至可将当天观赏的电影票券或展览会门票贴上去，作为记录，使用方法非常多。所以只要夹一本小手账笔记本在手账里，就可以保留你的生活片段与回忆，在未来善加利用。

● 写满灵感的小手账笔记本，如何保存

如果你将每一本写完的小手账笔记本都留下来，数量将会很可观。该如何好好地保存这些小手账笔记本，又能在日后需要时，迅速又正确地找出来呢?

首先，在使用完毕的小手账笔记本封面处，写上“使用完毕的日期”。小手账笔记本封面原本就写着“开始使用的日期”，由此就能清楚地知道这本小手账笔记本的使用期间。然后再加上“流水编号”，统计出共有几本。

最好用同尺寸小手账笔记本，以方便收纳。

接下来，依照流水编号排列，放进事先准备好的箱子里。为了方便收纳，小手账笔记本最好尽量续用同一尺寸、同一品牌的商品，这也是秘诀之一。只要依照流水号摆放，不但方便取出，也很容易归位。

● 留下思考过的记录，成为自己的最佳数据库

储存小手账笔记本的数量，大约以一个鞋盒为基准。能夹在手账中的小手账笔记本，大约为三十张、六十页。每天使用一页，大约可用两个月，一年写完六本左右。连同用完的手账一起收纳的话，一个鞋盒最少可保存三年份的手账与小手账笔记本。

如果想浏览存放在电脑里三年份的数据，可能会让人头晕，但是随手翻阅手账或小手账笔记本时，马上就能回想起来，某日某时自己做了什么、想了什么。当时的想法虽然过于前卫，但是现在或许刚好适用。这些都是我们走过的痕迹，记录重要数据的小手账笔记本，十分值得长期保存。

当小手账笔记本多到塞不进盒子里时，可以只剪下需要的部分，再用夹子夹起来，制作成精选版的“小手账笔记本”。

其他部分，果断地丢弃即可。只留下派得上用场的信息，将用得着的信息塞进盒中，变成最强的武器库。

写上时间并编号，方便日后依日期查找

专栏 2
利用手账笔记术，完成 50 个年度目标

● 每周达成一个目标，让你度过充实的一年

在第一章中，我们已经教大家怎样制定“年度目标”以及“年度清单”，现在，我要更进一步告诉你，如何实现这些目标并度过充实的一年。

一年有 12 个月，一年有 365 天。那么，一年有几周呢？

答案是 52 周。令人意外的是，52 这个目标数字，似乎很少有人拿来运用。若是每个月实现一个目标的话，12 个目标略嫌太少；每天实现一个目标的话，一年 365 个目标又嫌过多。那么，每周实现一个目标，以“50”这个数字来做区分的话，感觉刚刚好，可以激发出向前迈进的动力。

无论是个人爱好，还是和工作有关的方面都可以，试着定下你的“年度五十大目标”。

个人爱好方面，可以设定“看完 50 部好看的纪录片”“到电影院看 50 场电影”“学习 50 种料理菜色”；而工作方面，则

可设定“阅读50本工作相关图书”等。

想要挑战何种领域，一旦决定之后，可参考下页图所示，于手账的空白笔记页写下“五十大目标”。在目标达成的当日写下日期，留下记录。

此外，也可在月计划表一周字段旁边，或是周计划表左上方，写下“本周目标/预定达成目标”，例如“观赏××”“阅读××”。这样一来，只要每周都能达成一个目标，一年下来就能达成“五十大目标”。

● 列出列表和数字并写入手账，达标率提高90%

花上一整年，达成50个目标，这点其实具有重大意义，首先就是获得“花一整年达成目标”的成就感。

如果只是漫不经心地想着“今年想多看一些和工作有关的图书”，其实很难付诸行动，也不知道阅读哪类图书比较好，甚至不知道该读几本书才够。但是只要将“五十大目标”列出列表，逐项写出来，这么简单的行动，就能帮助各位达成目标。

出门上班、下班回家……每个礼拜都在重复着相同的行为，但是，在平淡的生活中加入“五十大目标”的变量，每一周对自己而言，都会是新鲜有趣的一周。

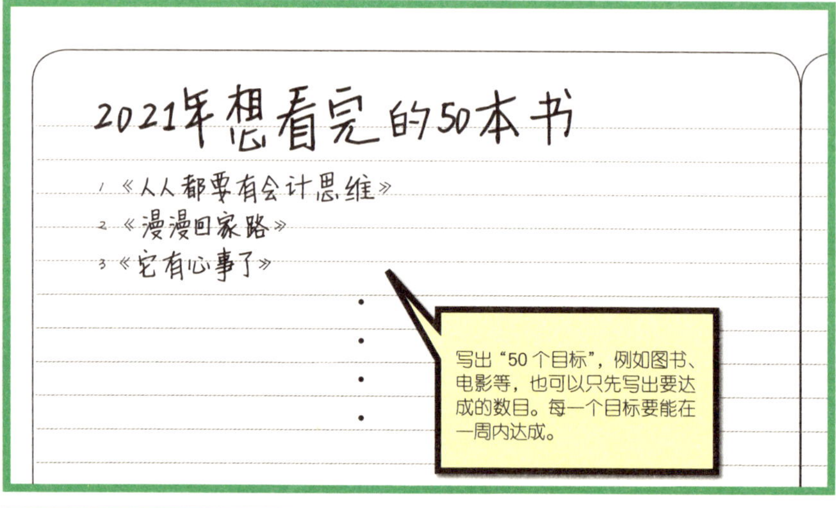
2021年想看完的50本书
1《人人都要有会计思维》
2《漫漫回家路》
3《它有心事了》
写出“50个目标”，例如图书、电影等，也可以只先写出要达成的数目。每一个目标要能在一周内达成。

11
November
MONDAY
TUESDAY
WEDNESDAY
将本周想达成的目标，写在月计划表与周计划表的“本周活动清单”栏中。
《人人都要有会计思维》
4
9:00
17:00
5
6

一周一周，慢慢完成一个个目标，相信你在一年后，不管在知识面还是精神面，一定都能获得成长。

不一定要和工作有关才能有所成长，把感兴趣的事物设定在“五十大目标”中，随着新的手账，获得飞跃性的成长！

第3章

手账整理术，节省50%的时间

只要在六个时间点整理，终结桌上的文件山

“桌上总是堆满许多物品。”

“不知道如何保存堆积如山的文件。”

乍看之下，这些烦恼虽与手账扯不上边，但其实只要善用手账，就能轻松解决这些问题。现在，我们先从整理文件开始做起。

● 一份文件，要用六个不同时间整理

想要整理一份文件，最好安排六次“整理时间”。或许有人会觉得“六次太多了”！但若是善用手账，就不会造成太大负担。记住以下六个时间点：

① 每天一次

② 每周一次

③ 每月一次

④ 每三个月一次

⑤ 每半年一次

⑥ 每年一次

容易将文件积成一堆的人，恐怕从未利用“整理时间”，将所有文件确实整理过。

“上周用过的会议数据，应该还用得到，所以先保留起来。”

“前阵子刚结案的项目文件，暂时先留着吧！”

当你心中有这种想法，而将文件归档，结果却越堆越多，最后才发现，过去一个月内，其实你都没动过这些文件。

为了避免这种情形发生，在手账的上述六个时间点中，填入“整理文件”的待办事项。接下来，我将一一解说为什么要在这几个时间点整理文件。

① 每天一次

每天下班前，将当天使用过而且仍需用到的文件，分类成已处理、待确认、进行中。尚未养成习惯前，还是得每天在周计划表下班前的字段中，画上勾选方块，并写上“整理文件”来提醒自己。

别光是想着“要整理”，而是必须“记在”手账上，实际写下来才能加强执行的动力。

② 每周一次

累积了一整周的文件，再分类成当下必须保存的资料，以及

把“整理文件”当成待办事项，每天、每周、每月整理

MONDAY　5 TUESDAY　6 WEDNESDAY　7 THURSDAY　8 FRIDAY　9 SAT

尚未养成习惯安排时间整理文件之前，需记在下班时间的待办清单中。

可定在周五或是自己方便作业的日子，安排作为每周整理一次文件的时间。

须处理掉的数据。可自行安排这个时间需在“每周星期 ×”进行，并记在月计划表与周计划表上，而且两边都要画上勾选方块。

③ 每月一次

整理一整个月的文件时，可养成习惯，将公司结算日设定为“个人结算日”。倘若结算日不方便时，可设定于“每月 × 日”。这一天也要记在月计划表与周计划表上，而且两边都要画上勾选方块，如果月底较为忙碌，不妨记在月计划表旁边的“本周活动清单”栏中。

④ 每三个月一次，⑤ 每半年一次，⑥ 每年一次

“每半年一次”的意思，是指上半年度与下半年度各进行一次；“每年一次”则是在年度结束（三月）时进行一次。两个时间点合并后，就是“每三个月进行一次”，每年大约会在“三月、六月、九月、十二月”整理文件，合计共四次。

请在应该整理文件的月份，于月计划表的“本月待办事项清单”栏中，记上“整理文件”。六月及十二月需记上“整理半年度文件”，三月则记上“整理年度总结文件”。只要能落实这种循环方式，就能确保你的桌上，绝对不会出现摇摇欲坠的文件山。

● 同样的方法，也可用来整理硬盘中的文件

工作上常会使用书面文件的人，规划文件夹或资料柜时，不妨依 ②~⑥ 的周期进行分类。比方说，放入 ② 箱子完成分类的文件，再移至 ③ 箱子中，当每月整理一次的时间一到，便只需整理 ③ 箱子即可，如此一来，整理时会更加方便。

各位在判断“可丢弃文件”时，应该也会感到很困扰吧？不过当文件符合下述条件时，请狠下心来丢弃即可：

① 其他人持有相同文件时；

② 已有原始资料（备份）；

③ 已过一年以上，未来使用概率极低的文件。

这种整理方法，同样适用于整理电脑内的数据。习惯在硬盘里储存一堆数据的人，可参考相同周期，审阅一下自己的电脑。

● 想快速找到需要的文件，关键就是日期

想要顺利调阅所需文件，在制作文件夹时有个秘诀。如整理演唱会门票，或是已标明付款日期的发票等已经确定使用日期的

书面文件时，可以用已经分好三十一日份的文件夹。

这种文件夹共有一整个月、足足三十一天份的夹层，可将当天文件妥善收纳。容易将近期文件散落在桌面上的人，使用这种文件夹将有助于各位整理收纳，仿佛变魔术般神奇。

下周开会需要的重点摘要、明后天要带去客户公司的数据……像这类“已确定使用日期的重要文件资料”，就可以放进当天夹层中。只要打开那一天的夹层，就能取出当天所需的所有文件。

使用太多活页夹，其实只会造成混乱。归档系统如果也能依照手账月计划表的模式，以“一个月”做分类，就能随时维持桌面整洁。

另外，如开会后不被采用的企划，或是因为各种因素而无法执行的项目，甚至是对工作有帮助的数据等等，像这些“日后可能会派上用场”的资料文件，也不能随便丢弃。

像这些下过苦心的文件，未来都可能有咸鱼翻身的机会。如果各位想在突然想起时，就能立即调阅出来的话，建议各位规划一个“回收再利用企划文件夹”。

整理书面文件时，活用透明活页夹或资料箱；整理电脑资料时，则另外新建专用文件夹。在命名时，务必加上年份，例

如“2019 企划遗珠”。

汇整以年为单位的文件夹中，日后调阅时也能取代手账的索引功能，譬如当脑中浮现“那个好像是 2019 年的企划”时，就能立刻找出数据。

即使被否决的企划，也可能在不同时机点，再次提出来执行。而且也经常在偶然的机会下，出现“需要某些企划……”的情形。为了随时整装待发，请各位将日后可能咸鱼翻身的文件，统一汇整起来，走过的痕迹，就是灵感的宝库。

写日期后再依序排列，整理名片超简单

进入社会后，随着资历增长，名片也会越来越多。一开始习惯放进名片专用夹中，但是越来越多的名片，只会越来越难收纳……这种情形屡见不鲜。

● 先看手账上的“开会”记事，再依日期找出名片

所以建议大家要善用手账来整理持续增加的名片。承前所述，只要通过“将手账当作索引”的不同使用方法，保存名片将会出乎意料地轻松又简单。

而且只需要做两件事就好：（1）收到名片后，立刻在名片左上方以八个数字标记日期；（2）依照日期顺序排列，每个月份用夹子夹起来。

不会吧？就这么简单？或许有人会质疑，不过这个方法的优点还不少。

· 想查阅旧名片时，只需翻阅手账即可

举例来说，想查阅“××公司部长的名片”，只要翻一翻手

写上日期后，将名片以“月”为单位整理

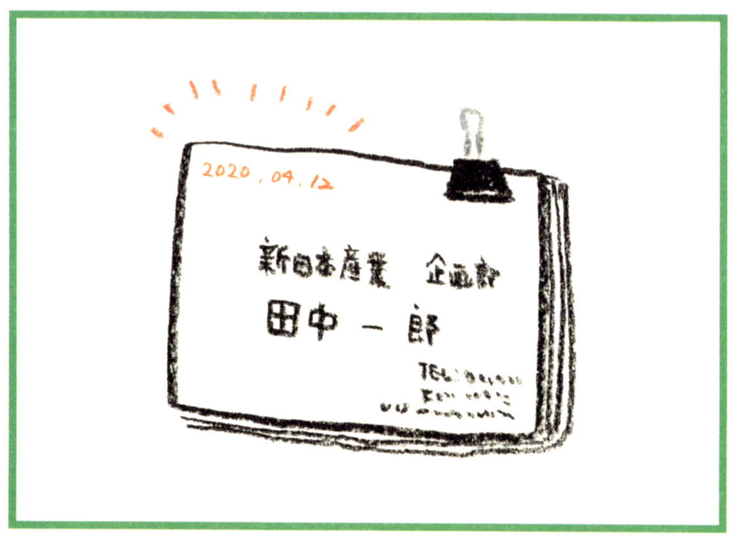

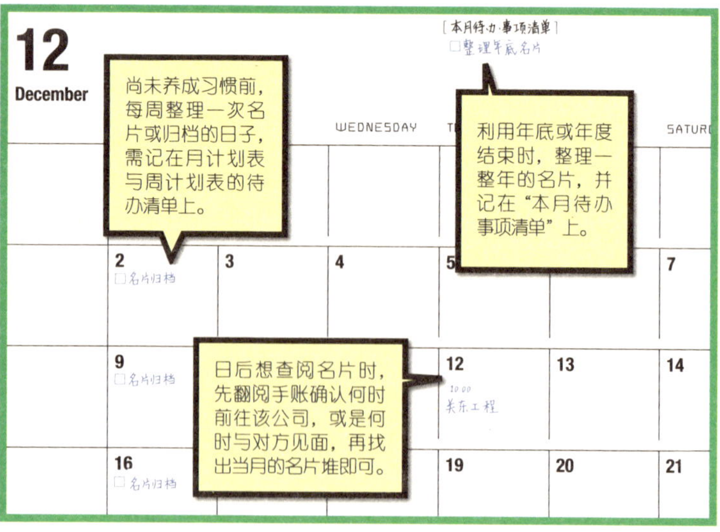

账，找出与对方会面的日期，接下来只要从该月份的名片堆中，找出当天的名片即可。

比起依字母顺序归档的名片，依日期顺序归档的名片不但更容易查询，而且即使名片再多，收纳起来也不花时间。

· 不占空间，也方便丢弃

市面上售卖的名片夹总是很占空间，而且不断添购也需花费不少费用。但是利用夹子或橡皮筋整理收纳，就能轻松省下许多收纳空间。

此外，想丢弃老旧名片时，只需从年份最久的名片依序丢弃即可。而且工作上主要来往的对象，大多会利用电子邮件联络，所以大多数的人都认为，“万一需要联络时，没有名片也无所谓”。

而且只要超过三年，人员调动或职位变动的情形也是常有的事。所以请各位最好以三年为基准，将老旧名片处理掉。

● 每周一早上，花五分钟整理名片、提起干劲

利用计算机软件管理名片数据时，必须每周整理一次，并将“整理名片、归档”记在手账待办清单上。只要同时记在周计划表与月计划表上，就能提醒自己不会忘记整理。

因为属于行政类的作业，不妨利用每周一早上，工作情绪尚未上紧发条时，将上周的名片资料，一口气整理完毕。当然，也可于周五将当周的资料全部整理好。

无论是用夹子整理好的名片堆，还是电子数据，年度结束时，都必须检查是否有需要丢弃的名片或数据。这项工作也要记在月计划表三月的“本月待办事项清单”上。

定期整理名片，才能善用难得的人脉，成为未来的助力！

书柜上，只留用得到的图书

工作用参考数据，或是个人爱看的小说等，想丢掉却舍不得丢的代表性物品，就属“书”了。

不过只要利用“将手账当作索引”与“养成整理习惯”这两种方法，就能解决整理书的问题。

● 每三个月定期整理书柜，哪些该留？哪些该丢？

书会堆积如山的原因主要有两点：（1）没有安排定期整理的时间；（2）想整理却不知道哪本书该丢、哪本书该留。

首先养成定期检查现有藏书的习惯，虽然可视购买图书的频率或持有图书的数量来调整，但是最好每三个月整理一次。看哪一天有空，就将“□整理书柜”记在待办清单上，并画上勾选方块。同样也可以事先记在月计划表的“本月待办事项清单”栏上。

安排出整理时间后，便要着手整理书了。请将所有图书区分成下述三种类型：

①保留

②丢弃

③卖掉

不过还有一个很大的问题，就是“区分成三种类型，很花时间”。当各位烦恼着，这本书该怎么处理或是那本书该不该丢掉时，只会让时间白白流逝而已，这正是整理书柜很麻烦的原因。

● 看完书后，在当日手账上决定去留

要想解决这个问题，就要养成“书本看完后，立即处理掉”的习惯。

利用手账的周计划表字段，每当书本看完后，便在当日字段中写下“(书名)卖”或“(书名)留”，将“书本如何处理”的方式，也一并做好笔记。

做好笔记后，不但能马上知道书本何时看过，自己也能清楚明了对于这本书的“心得”。只要依据“心得”，就能快速进行整理。

另外，一直想看却没时间阅读的图书，也可以通过下述方法获得解决。很想整本看完的书，请重新从最想看的图书依序

每三个月整理一次，并在看完当天决定去留

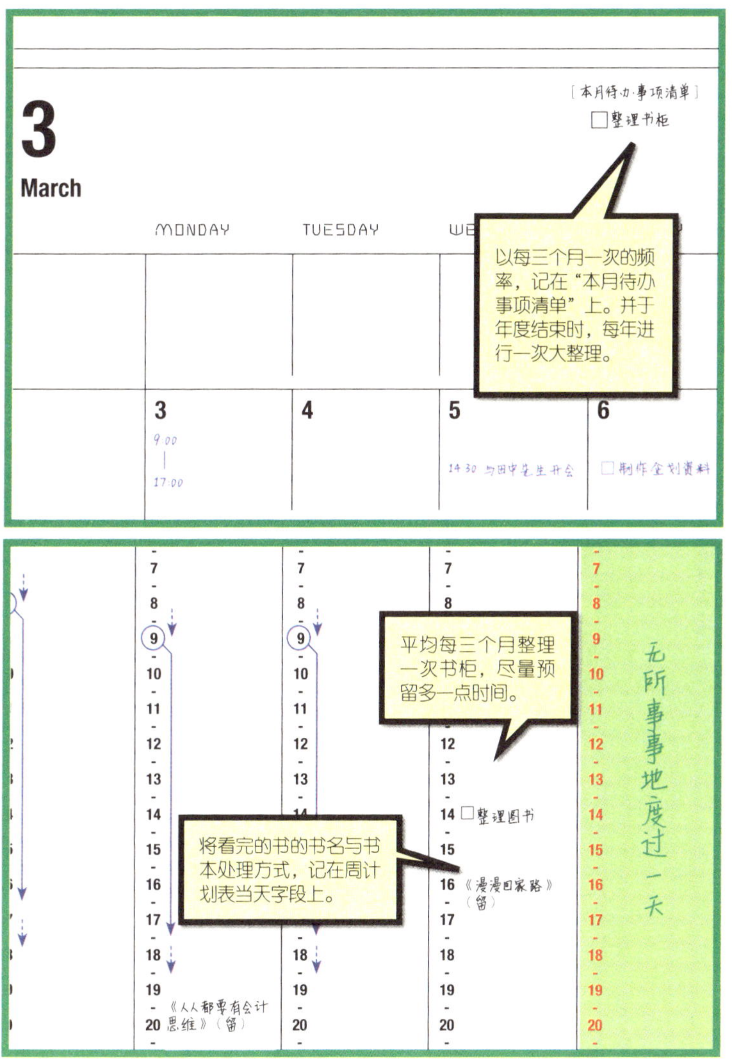

摆放，并在手账“本周待办事项清单”栏中画上勾选方块，再将书名清单写上去。通过可视化的方式，激励读书的动力。

另外，冲动购物下所买的书，现在已经恢复理智的话，可将不看的书依照 ② 和 ③ 的方法处理掉，因为没兴趣阅读的书，不管摆多久还是不会看。不如干脆地处理掉，并以“现在想看的书”“现在应该看的书”为优先，更能大大提升阅读的质量。善用手账，不仅能获得新知识，也能同时拥有整洁的空间！

写上一行字，让工作环境清爽又整齐

不知道大家的办公环境，是否整理得干净又整齐？但是我想，有以下烦恼的读者应该占大多数：

“虽然稍微有整理，但没多久又变得乱七八糟。”

“虽然想整理，但是工作一忙起来，就会不自觉地开始堆东堆西……”

不擅长整理或收拾的人，应该长久以来苦于无法立刻找出自己需要的物品。

● 桌上一团乱的人，工作过程也乱七八糟

俗话说，桌面就像人大脑的缩影。切记，无论工作多努力，桌面要是乱七八糟，别人很容易质疑自己的工作能力。到底该如何用最少的时间，将办公环境整理干净呢？此时，手账就能派上用场。请善用手账，养成整理的“习惯”。

基本上，每天下班时都要整理办公环境，同时这也有安全方面的考虑。在周计划表中的下班时间字段上，画上勾选方块

用手账养成整理桌面的好习惯

11 November	4 MONDAY	5 TUESDAY	6 WEDNESDAY	7
本周待办事项清单	⑨	⑨	⑧ □准备周报	⑨
本周计划清单	15- □整理桌面	15- □整理桌面	15- □整理桌面	□

将整理桌面，记在每日的待办清单上。

并记上“整理桌面”。

只要记在手账上，就能达到“自我约束”效果，强烈提醒自己。所以养成习惯前，每天都必须记上去。

整理自己的工作环境时，还有三个秘诀：

（1）避免拥有重复的物品，果断地留下一个即可

如剪刀或订书机等，相同种类的文具是否就有好几个？留着只会占空间而已，多的可以还给总务室，只需留下必要数量即可。

（2）借用他人的物品，当天归还

借用物品立即归还，这样还能提升别人对自己的信任感。

（3）规划每个东西应该归位的地方

东西用完后随处乱放，所以老是在找东西……像这类型的人，务必将当天使用过的物品，物归原位。

● 在桌上安排手账的固定位置，完全掌控自己的行程

另外，想要避免东西越变越多时，最要紧的就是“避免购买不必要的物品”。只要利用下一节介绍的“购物清单”，就能防止冲动购物与购买不必要的物品。

将整理桌面与文件整理同时进行的话，就能在下班时养成

“整理文件与桌面”的习惯，让自己在第二天上班时，工作起来更有效率。

将办公环境整理干净后，请务必规划一个翻开手账的固定位置。将位置固定于惯用手的一侧，接电话时就能马上翻开手账或小手账笔记本做笔记。也可以边看计算机屏幕，边将新的预定行程记在手账上，完成连贯的动作，更能使桌边贴满待办事项纸条或便条纸的情形，不再出现。

规划出在桌上写手账的固定位置，就能让你的办公桌摇身变为驾驶座，由你完全掌握工作的进度与方向。

写出有具体细节的购物清单，避免冲动购物

各位一定不敢相信，只要在手账空白笔记页列出“购物清单”，除了可以减少浪费行为与冲动购物，还能避免身边物品不断增加，甚至可以心想事成，获得写在购物清单上的东西。

请先依照下页的范例，于手账后的空白笔记页，列出“购物清单”。接下来，再由上至下依序填入编号，并加上日期，将想买的物品依序写上去。因为这项工作会“令人充满期待”，所以请用绿色笔做笔记。

编列“购物清单”时，要特别注意：想买的物品需尽可能具体描述出细节与金额。

例如，“想买冬季外套，而且最好是今年的新款式”，此时，在出门购买前，先具体想象一下“想要什么款式的外套”。例如什么颜色、什么材质、预算有多少，将想象到的细节全部记下来。

购买前先想象出具体的样子，才不会发生“心血来潮出门购物，原本想买 A，却在不知不觉间被店员推销而买下 B”的额外

消费。不然买了 B 回家后，才发现家里早就有相同的东西，一定会让人很懊恼，或是钱包在计划外大失血，买了之后一点都不高兴，还后悔万分……这种情形，是不是常常发生呢？这些都是因为没有“具体想象”想买的物品的细节，才会造成冲动又不快乐的购物。

列在“购物清单”的东西一旦买到手后，需用绿色荧光笔做记号，重温当时买到的喜悦感。此时再将实际购买金额也记上去就更完美了。如果正好遇到大甩卖，以更便宜的价格买到，就会有赚到的感觉；如果超出预算，也能调整自己对金钱的规划。

想买什么物品时，请先列出“购物清单”，这样一个小动作，就能让你买得划算，又买得开心。

● 清单不只提醒自己，也让大家帮你圆梦

这份“购物清单”还具有神奇效果，就是“将想买物品记下来，入手机会就会奇妙地增加”。

举例来说，当各位想买一台新的投影仪时，只要记在清单上，很容易在与周遭朋友闲聊中，提到相关话题，这时候，“说到这个，上次高尔夫比赛送了一台，正好我家用不着……”你

清单上除了想买的物品，也要加上购买的金额和日期

购物清单

序号	日期	物品名	预算	实际花费	入手日
1	12/1	冬季外套（咖啡色、毛料）	40000日元	35600日元	12/21
2	12/1	手表（黑色皮质、表带粗一点）	20000日元		
3	12/10				

具体描述出想买的物品的细节之处。

实际入手后，用绿色荧光笔做记号，再写下实际花费金额与入手日期。除了可有效避免浪费之外，若能在预算内购买到，也会有赚到的感觉。

▲具体想象“想买的东西”，避免一时心血来潮乱花钱。

在出乎意料的情形下，不断发生有趣巧合，让想买的物品奇迹般地到手。

如果想买的物品以低于预算的价格入手时，可将省下来的钱存起来，让存款在不知不觉间增加。不花分毫、只需记下来的“购物清单”，这种方法一定要好好活用！

写下购物时的心情，了解自己真正的需求

压力太大时，很容易借由“购物”来减轻压力，这也是最容易消除压力的方法之一。但是回家后，是不是常常会后悔，“啊——居然买了。明知道这个月超支了……”

● 花钱是需要？还是想要？

还有，你是不是常发生这样的状况：“后来才发现同类型的T 恤家里有好几件”“一忙起来就会上网买游戏卡或漫画，结果根本没玩或没看过，只会越堆越多”，如果你常出现这些行为，更得多加小心。

很明显，这都是为了缓解工作压力而产生的“压力型购物”。纵使冲动购物看似能消除压力，但也只是暂时的，无法从根本上完全消除压力。反而还会因为“压力型购物”带来更多压力，使自己越来越沮丧……如果任由自己掉入这种消极的旋涡中，将会是一件很危险的事。

为什么会造成“压力型购物”呢？那是因为各位想买的不

是“物品”，而是付款时获得解放的“感觉”。或许是将工作上无法发泄的郁闷，投射在花钱的行为上，将之倾泄而出。或是期待“买了东西之后，就能出现什么改变”，而想通过购买行为获得这种“感觉”。虽然多少会因人而异，但是只要无法适当满足这种“感觉”或“需要”，便无法消除“想要购物”的欲望。

承前所述，“购物清单”能有效防止冲动购物，接下来将进一步，利用手账来探究各位真正的“心情”，了解为什么会出现压力型购物现象。

● 你真正的需求，可以买得到吗？

在每次购物后，于周计划表当天字段，记上购买物品清单。同时在购买物品名处加上图文框，描述一下“购买时的心情”。

“很喜欢，买了之后很满足”“用起来不太方便”“已经有类似的东西，有点后悔”等等，出手时虽然很快乐，但是回家重新检视一遍后，是否发现心境变得不一样了？

另外，利用图文框记下与“购买物品”相关的感觉，自然就能看出自己真正需要的是“什么”。

· **手机或电脑等电子相关用品——希望自己的“工作更出色”；**

· **枕头或床垫等健康用品——想消除身心疲劳，恢复健康；**

· **工作用图书、各种资格证参考书——想学习知识或技能；**

· **服饰——希望自己“外表更吸引人”。**

上述几点全都是各位内心深处对自己期望的理想图，恐怕无法“单靠购物”来获得满足。压力型购物的大部分原因，来自于“无法达到自我理想所引起的焦虑感”。

而手账正好可以用来督促自己的行动，帮助自己实现理想。因此告别“压力型购物”的快捷方式，就是开始跨出第一步，达成自己的理想。

写下购买后的心情，检讨自己是否真的需要

WEDNESDAY	7 THURSDAY	8 FRIDAY	9 SATURDAY	10 SUNDAY
准备简报	9–18 名片夹：用起来很方便，太满意了！	9–18	两条领带：已经有类似的物品了。需反省一下！	无所事事地度过一天

利用图文框将购买的物品与感想一起记下来，就能了解自己的心情。

每年两次，只花一天整理衣柜就够了

手账还有一种很方便的用法，就是整理容易在不知不觉间爆满的衣柜，还有搭配符合季节的服装。

● 换季时整理衣柜，只留适合自己的衣服

首先，最适合整理衣服的时期，就是衣服换季的时间。

一般来说，通常会在六月换成夏季服装，十月换成冬季服装，不过最近大约在五月就会转成夏季气候，因此也可以在五月与十月整理换季衣物。

只要在月计划表中，五月及十月的“本月待办事项清单”字段，记上“整理换季衣物（半天）”即可，等时间一到，就能立刻规划整理换季衣物的时间。

一次半天，一年花一天整理就够了。

整理换季衣物说来简单，但是专心整理起来，其实很花时间。所以可在后面记上“（半天）”的预估时间，这样就能适当规划休息日的行程。

其实整理衣服与整理书本一样，大致上可区分成三类：

① 保留

② 丢弃

③ 卖掉、送人

● 回想当初购买时的心情，决定衣服的去留

如果不知道如何判断时，请各位回想一下，前文中曾教大家记下的“购买时的心情描述”。购买这些衣服时的心情如何？无意中买了才发现有类似的衣服、买了之后才发现不适合……像这类的衣服，即使还很新，最好还是处理掉。

“虽然看起来有点过时，不过或许还会穿。”

“这件套装，好像有点过时了？”

像这类的衣服，通常很舍不得丢掉吧？这时候不妨先用别人的观点来审视一下。对于穿上这件衣服的人，各位会有什么感觉呢？“觉得不是很搭……”当你有这种想法时，就把这件衣服丢掉吧！

有时身边也会有别人送的，所以舍不得丢掉的物品，这时也回想一下当时“收到时的感觉”。

感觉如何呢？很兴奋吗？老实说，如果不是自己会感到兴

在端午和中秋后，进行衣柜换季整理

奋的物品，其实根本“不怎么喜欢”吧？说不定，收下后只会占空间而已，这时候不如干脆丢掉。

接下来，还有一个整理换季衣物的重点。你有没有发现，这几年来，适合穿着“春秋季服饰”的时间越来越多。结果整理换季衣物时，其实只剩下“夏衣”与“冬衣”两季衣物需要整理。

因此，我们可以在衣柜左侧收纳春秋季服饰，方便随时拿进拿出；而右侧则作为收纳夏衣与冬衣的空间，换季时再对调即可，这样轻而易举就能完成换季衣物的整理。

抽屉式收纳箱也可利用相同模式进行整理，将抽屉交换过来即可。只要设计出一套可轻松整理换季衣服的机制，整理衣物就能变得轻松又愉快。

在周计划表上，写出预定和额外的支出

进入社会后，“财务管理”是每一个人都必须学会的技能。相信很多人也会将存款目标金额，写在年度清单的“金钱”栏中。

● 把花费写在预定行程后，才是最好的支出明细

“不记账”的金钱管理模式，与有条理的“记账”的管理模式，将会出现极大差异。因此感觉自己容易浪费，总是月光族的人，请现在就开始进行财务管理吧！

应该有很多人已经有记账习惯，知道先将自己的薪水、必需生活费、储蓄金额等数字全部列出来，清楚掌握“可用额度”有多少。

了解有多少可用额度后，可在每个月月初，将“本月可用额度”记在周计划表上方字段中。记得不要记在可浏览一整个月行程的月计划表，而是记在周计划表上，这样才能避免隐私外泄。

如果能在月初就知道该月大概会支出多少费用时，可事先

是否把花费记在手账上，会产生很大差别

本月可用额度80,000日元

□聚餐5,000日元→10,000日元
□佐藤午餐费代垫2,000日元
□白包5,000日元

余额65,000日元

将本月可用额度记在周计划表字段上方。虽然记在月计划表上方便安排一整月的预算，但是月计划表有时需公开，所以最好还是记在周计划表上。

事先将当周花费、预算、非预定支出等记下来。非预定支出则用红色笔做笔记。

	4	5 TU	6	7 THURSDAY	8 FRI
本周待办事项清单			□准备简报		
本周计划清单				很开心！ 20 聚餐5,000日元	

会产生花费的预定行程，可将金额写在预定行程后面，以便预估状况。也可将感想写在图文框内，就能有效消除花钱的罪恶感。

将预定金额记下来，例如“聚餐 5000 日元”。将预定行程与金额一并记下来的话，就能管控当月“自己可自由使用的额度”，维持收支平衡。

● 现代人多用电子零钱，记账才能看得见金钱流向

当然最好不要超出预算，如果预算超支了，或是有非预定支出时，就用红色笔做笔记补充说明。想要减少支出的人，就要注意红色笔标记处越少越好。接下来，等到下周一到，再将已扣除使用额度的金额作为可用额度记在上方字段中。

前文我们讲过，只要能养成习惯，每次购物时都把心情记在周计划表上，就能减少浪费行为。

此时只需记上“大约额度”即可。若像记账一样算到个位数的话，一旦账目有出入时，就会形成压力。

只要能控制在“金额短少也不会造成心情起伏”的范围内，少许误差也无妨。虽然这个金额会因人而异，不过容许范围应在 3000~5000 日元左右。当误差超出上述金额时，请在下周填写金额时加以修正。误差大 = 小钱花得多，所以这样做能让浪费无所遁行。

生活费若能单纯以现金进行管理的话，就能随时掌握余额，

但我们现在使用电子支付的机会越来越频繁，所以很难了解目前花费多少，也很难实际感受金钱进出状况，很容易在不知不觉间花钱如流水。

因此更要利用手账，让金钱进出流向看得见。想要更精确进行财务管理的人，也能利用空白笔记页或小手账笔记本，管理金钱进出情形。或许有些人会使用计算机记账管理金钱，不过手账的好处就是想到时可以立刻做笔记。所以请先利用随手可得的工具，掌控自己的金钱收支状况。

专栏 3

加上心情和行程的支出明细，最省钱

● 花钱时的心情和数字，都要记录下来

如果想要减少浪费，增加存款，最好善用手账，将金钱“可视化”。现在我将讲述如何善用手账让钱越变越多。

（1）将存款目标金额，记在“年度清单”上

首先，请确定想要达成的目标，并将数字记下来。或许有人会认为“没什么特别想买的东西，所以不储蓄也无妨……”

但是，假设各位决定在一年内存款“十万日元”，一年后当各位达成目标时，除了能够拥有十万日元存款，还能因为“达成目标”而获得莫大自信。以一个月薪四万日元的上班族来说，只要拥有相当于三个月份薪水的存款，就能维持失业时的生活所需，所以只要能存下十万日元，就能作为资产运用的基础。为了以防万一，也可作为将来投资所用，请各位将存款目标金额明确地写出来。

倘若存款是为了当作“购屋首付”“买车首付”这类庞大的

金额，得花好几年才能达成的目标，请先在“人生清单”中写出具体期限，例如“在 × 年内存到 × 日元”。接着，再将目标金额除以年限记在“年度清单”上，就能清楚了解今年的目标额。最后，将每月存款目标金额记在月计划表上，自然就能计算出本月可用额度有多少。老是说“有多余的钱再存下来”的人，是绝对存不了钱的，而且很容易赚多少花多少。所以当各位决定存款金额后，可在发薪日先预留下来，或是转账到存款专用账户，这也是能确实存下钱的秘诀之一。甚至可将存款日记在手账待办清单上，使存款变成一种固定模式。

（2）将“本月可用额度”“预定支出”记在周计划表上

将金钱出入“可视化”提醒自己，就能了解每月金钱的流向。

如参加婚礼等，婚丧喜庆的花费其实还不少，像这类事先确定的预定行程，可先在当日做笔记。

（3）列出“购物清单”

列出“购物清单”，可避免买东西时的浪费。只要能仔细做笔记，例如“下个月想买外套，所以这个月要减少支出”，为大笔支出编列预算，就能事先备妥款项。

别只是做白日梦，想买的物品、必需的物品只要能够加以

A 健康	H 金钱、物品	G 兴趣
有肌肉的健康体魄 每周放自己一天假	存款500,000日元 （还差100,000日元）	开始跑马拉松 爬山
B 穿着打扮		**F 私生活**
保持干净整洁的外表 让别人称赞自己很帅	xxx的年度目标	与另一半幸福快乐
C 心灵、精神面	**D 工作**	**E 进修**
坚持原则 让梦想更加明确	让自己交出成绩单 具备企划能力 踏实工作 开发新客户	TOEIC800～900分

将还差多少才能达成存款目标的金额写下来，就能了解每个月的目标存款金额 100,000 ≈ 8,000 × 12 个月

本月可用额度 8,000日元
□红包3,600日元
□白衬衫500日元
余额3,900日元
11
November
4 MONDAY
5 TU
8 FRIDAY
9 SATURDAY
10 SUNDAY
例如红包等事先知道的花费，可事先记在该月或该周上。
本周待办事项清单
本周计划清单
□准备商报
再精挑细选一下可能会更好
□购物
白衬衫
500日元
买完东西后，务必将金额与心情记下来，才能减少浪费行为。
无所事事地度过一天

“可视化”，就能使购物更有效率。而且，也有助于精准掌握“真正需要的物品、应该购买的物品”。

（4）购物后，将“心情”记下来

想要从根本解决压力型购物，可于购物后将购买物品的名称与购物后的心情记在图文框内。

如果大多是负面的情绪，就要怀疑自己真正想要的并非“物品”。如果手账上大多是正面的情绪，就代表各位的生活十分顺遂。只要回顾手账，就能感觉每一天都过得比前一天更充实。

立即见效的手账炼金术，现在开始马上试试看！

第4章

把"心情"记录下来，让手账帮你实现梦想

不喜欢的工作，如何利用手账顺利完成它？

到目前为止，手账笔记术已针对安排预定行程的方法与每天待办清单等，将如何完成行程表进度的方法介绍给大家了。

接下来将介绍更多方法，让你的手账可以进阶成威力十足的武器，其中一项，就是将“心情”记在手账上。

手账除了能管理行程，也能激发士气，让不悦的心情消失。借此，让你的行动得以与未来全面接轨。

相信每个人都有过这样的经验，面对某项工作，总是提不起精神，或是带有抗拒心理。比方说，“想到那个案子就烦”，或是“那份文件差不多该开始动手处理了，但是一直不想开始”，这些不喜欢的工作，都能通过手账获得解决！

首先针对你不喜欢的这项工作，认真思考一下，为什么会让你产生“不喜欢的感觉”（压力）。从内心处思考，就能明了自己为什么对这项工作带有负面的情绪。

为什么不喜欢这项工作？仔细思考原因，然后写在小手账

行动、结果、反省：加强自己的能力

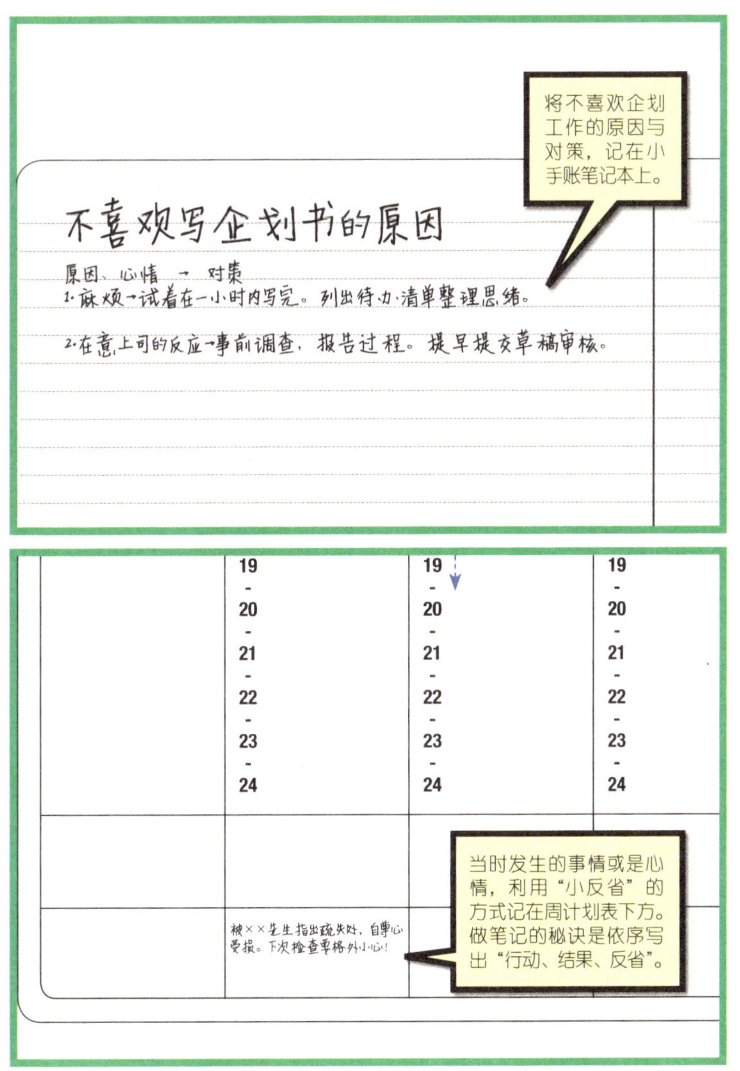

笔记本上。将你的心情用文字表达出来，也就是让自己的想法化为看得见的文字。

进行这项作业时，一开始可能会感到很困惑。不过只要能将心情具体写下来，就能明白自己心中为何不安，继而平静下来。通过这种行为，就能缓解一些压力。

● 把不悦的负面感觉写出来，化为正面的反省力

事实上，语言文字与压力有着莫大关系。越是能将自己想说的话或是心情表达出来的人，通常压力就会越少。因此压力大的人，通常不了解自己内心的负面情绪，或是不擅长将心情表现出来。“不悦的感觉”会阻碍工作士气，对工作产生不安的情绪。若能将“不悦的感觉”化为看得见的文字，就能发现“不悦”也有各种模式，自然就能找出解决方法。

●“工作单调乏味”“浪费时间，很麻烦”

这都是工作内容本身的问题，此时，只要记在手账的待办清单上，提醒自己这些都是“待办工作”。

容易拖延的工作，更应该确实安排出作业时间，记在手账上。只要能在手账上列出待办事项清单，就容易排出作业时间。

并且刻意提醒自己，“在这段时间内完成这项工作”！就能产生动机，先着手完成棘手工作。

也可以利用“每日一绿”这种好方法，来激励自己完成工作，安排一些立即可行且令人期待的待办清单，例如“工作结束后去逛逛街”“喝杯好喝的咖啡”等。

●“和对方负责人员合不来”“开会时被数落”

这些则是“因为人际关系，导致对工作出现负面情绪”的情形，人际关系方面的问题或压力，总是很容易造成工作上的困扰。

此时只有将这些情绪写下来，才能获得解决。利用周计划表最下方的部分，用三行文字记下自己的心情。这也是最能简单且客观审视自己内心的方式，所以称作“小反省”。

举例来说，与工作对象开会讨论时被指出疏失，但是对方言辞过于犀利造成自己不悦……像这种时候，可借由下述方式，利用三行文字记下应该“反省”的重点。

第一行：行动——被 ×× 先生指出疏失处；

第二行：结果——自尊心受损；

第三行：反省——下次要充分检查后再提出来。

这样就能将心中不悦的心情或负面情绪，转变成日后的对策。

只需在遇到“感觉棘手的工作”时，记下小反省即可，并不需要勉强自己每天做笔记。借由不断的小反省，就能清楚了解“这件工作，为何棘手”。

因为自己疏失而造成对方动怒时，要小心避免。如果事实并非如此，单纯是对方的说话方式令人不悦或刻意中伤时，就得想办法与对方保持适当距离……把感觉写下来，学会寻找解决方法，并在心理上做好自我防卫。

或许有人不相信，利用一本手账就能掌控自己的情绪，还能解决人际关系方面的问题。

其实光是“把心情写下来”，就能正视自己内心的想法，只要能做到这点，日后解决各种问题时，都将出乎意料地简单。

待办清单上，要分“今天做”和“明天做”

每天的工作堆积如山，怎么做都做不完……越是忙碌的人，越需从清楚掌握自己“真正的待办清单”做起。

● 今天要完成哪些事？前一天下班前列出来

在我每个月举办的手账讲座中，有位刚成为一名律师的男性学员。他的烦恼就是工作多到做不完，他拿着一本A4尺寸大小的特大手账给我看，里头写着满满的待办清单。不过仔细一看，当天必须完成的待办清单其实只有三四行。其他都是陆续新增的事项，纯粹是为了提醒自己而写下的“备忘笔记”。

无法区分“今日待办事项”与“非今日待办事项”的清单，无法称作真正的“待办清单”。今天也无法完成，明天也无法完成，只会徒增压力的清单，不列也罢。而且手账尺寸越大，记录的事项也会越多，衍生出更多问题。

最好先了解自己当天可以完成多少待办清单，再将“今日待办事项”清清楚楚地列出来，最后能容纳这些待办事项的手账，才是最恰当的尺寸。

编列“待办清单”最理想的时间是在前一天下班前，不过也可以在每天早上一进办公室时进行。着手工作之前，将今日待办事项的“工作列表”记在手账上，并加上勾选方块。记在“周计划表”当天字段内的数量，就是实际的工作量，不过字体较大或是待办事项较多的人，也可以使用小手账笔记本来做笔记。

● 加上“两个时间”，工作不再拖到第二天

接下来，教大家如何做到今日事今日毕，完成记在“待办清单”中的工作。

① 利用“5 分钟原则”，完成棘手的待办清单

工作当中，一定会出现几项棘手的工作项目。此时可以利用“5 分钟原则”加以完成。做法很简单，就是将待办清单在“5 分钟内”完成。

或许各位会质疑，只有 5 分钟怎么够用？虽说只有短短 5 分钟，但毕竟是经手过的作业，因此继续往下做时，抗拒或棘手的感觉将比一开始减轻许多。

② 将“要花多久时间”与“截止的时间”列出来

“要做的事情太多，无法结尾”，在这种情形下，列清单时可将下述三点追加上去：

- 尽可能将内容细分化
- 需要花费的时间
- 真正的截止时间

比方说，单单写上“企划书”其实并不完整，必须更仔细地写出需要准备什么具体内容，才算得上是完整的“待办清单”。

- 打开 Word（5 分钟）
- 检讨之前的企划书（25 分钟）

必须像以上范例，写出详细的内容，以及实际上需花费的时间。

这样一来，就能将一项待办清单中必须分割的时间段落完全“可视化”，进而了解一整天下来，可完成多少件“待办清单”。

许多编列出“待办清单”后，却无法在当天完成工作的人，大多只是将“待办清单”列出来，而未掌握“完成待办清单所需时间”。若能将“待办清单”的版本升级，加上“所需时间”的话，应该就能每天顺利完成待办清单了。

写出每一步骤所需的时间，并区分截止日期

2020 1.8

今日待办清单

□ 企划书（今天15:00之前）
□ 打开Word（5分钟）
□ 检讨之前的企划书（20分钟）
□ 筛选改善要点（10分钟）
□ 编排格式（10分钟）
（完成草稿）
□ 接受主管审核

□ 重新修改（明天过后完成即可）

□ 制作周五开会讨论用数据（周四下班前完成）

试着将待办清单详细地记在小手账笔记本上，并写出分别所需的时间。

只需写出真正的期限日，就能整理出当天必须完成的待办清单。

当然其中也会出现无法在一天内完成，而需花费数日执行的“待办清单”。此时请于待办清单后方，写上“真正的截止时间”。

· 制作开会资料（周四傍晚为止）

写出真正的截止时间，就能清楚知道这件事是必须现在立刻进行，还是还有一点时间可以慢慢进行。如此一来，就能简单列出优先级。急迫的待办清单优先完成，尚有时间的待办清单，可以干脆改天再进行，由自己安排适当的时间表即可。

写上截止时间，就能编列出“真正的待办清单”，提升工作效率，也能减少需要经常加班的情形。

无论是实际上真的有很多工作时，还是心理上感觉负担很大时，都要好好重视编列“待办清单”的时机。“待办清单”可指引各位分辨工作的优先级，也是一个能在心理层面支持自己的强力小帮手!

只有手账达人
知道的“梦想成真”笔记术

“谈重要生意前，压力会很大。”

“开始做工作简报或谈合作前，总是会很紧张。”

像这种因为紧张而产生的压力，也可以通过手账来缓解。或许你觉得不可思议，不过只要事先“预言成功的结果”，就真的能够实现。

● 预言好的结果，写下来就能成真

让未来如愿实现的笔记术，便称作“一周内未来宣言”。所谓“一周内未来宣言”，就是使用“周计划表”上方字段，如下页图示，将“希望这天能梦想成真”的心情，事先用绿色笔在当天字段上做笔记即可。

举例来说：

“简报顺利完成。”

“合作顺利谈成。”

预言成功结果，打造美好感觉

事先在“周计划表”上方字段中，记下成功的感受。完成时做笔记，更能加强效果。达成后再用绿色荧光笔涂满做记号。

WEDNESDAY	7 THURSDAY	8 FRIDAY	9	SUNDAY
简报顺利完成，企划通过	运行测试顺利结束	会议取得共识，准时结束会议		
购买TOEIC参考书	□查阅TOEIC相关资料 公司内部简报	□查找TOEIC读书方法	□	
9 准备简报	9–14	9–18		6–22 无所事事地度过一天
12 制作简报数据	14 □客户公司运行测试	12–13 部门内部会议	13 □《漫漫回家路》一次看完	
16 新网站介绍会议		14 □致电客户 □看草稿	14 □买洗衣粉 □整理旧书	
19 回家前顺便去书店	20 □享用一杯好咖啡		17 □研读TOEIC	

像这样将“成功的感觉”用文字表达出来，记在手账上。或许有人会质疑，只需要做笔记就行了？其实通过文字“书写”出来的行为，就能形成相当重要的“意念”。

借由写出“实现自己的梦想”在不知不觉间解除压力与紧张，最后更能使自己的心情放松，从而能够应付重要的事情。

因此建议大家，在周末的手账时间，依照一周内每天的预定行程，将“一周内未来宣言”写上去，不方便每天做笔记时，可以只记录想顺利完成的重要简报，或是谈生意时心里感到不安的这几天做笔记即可。

想象一下自己梦想的未来，再用文字表达出来，文字就能发挥它的磁场效应，你一定要来体验“做笔记就能使梦想实现”的真实感觉。

● 与其说“不能失败”，不如说“一定可以成功”

“一周内未来宣言”有下述几点做笔记的秘诀：

（1）使用正面词句（避免使用负面词句）

还不习惯的人，很容易写出“不要失败”“不要搞错”这类语言，要避免使用否定式。语言文字的力量强大到超乎想象，使用类似的负面语言，恐怕将会导致“失败”“出错”这些不希望发生的情形。

平常多用正面语言，也能将心情或想法导向正面，所以请将手账当作优质的正向思考教材，好好活用一下。

（2）以肯定句、过去式做笔记

书写“一周内未来宣言”时，还有个更高阶的技巧，就是将“‘谈妥’合作”写成可能式的“合作‘可以谈妥’”，或是写成完成式的“合作‘谈妥了’”，这样更能提高成功率。

或许有人会认为，这件事明明还没完成，其实这也是利用语言文字来影响心情的笔记方式。因为“谈妥”这种正面又肯定的用词，容易在不知不觉间造成“必须谈妥”的压力。当人一直想着必须完成某事时，就会开始排斥去做，这种矛盾的心情，相信每个人都曾有过。

不过只要将句尾写成“可以 × ×”的可能式，就能激发出“好像可以谈妥”的感觉。

完成式的效果，可以让梦想的未来掌握在自己手中的喜悦感更加强烈。只要能事先描绘出光明的未来图像，就能解除压力，冷静地面对所有场合。千万别想着谈合作时“不想失败”，而要想象谈合作时“可以成功”，好好运用可能式与完成式的正面力量。当愿望实现后，再用绿色荧光笔做记号，好好享受一下成功的感觉。

除了公事，也要记下放松心情的微小的幸福

每天忙得团团转，一点放松的时间都没有……如果各位是这种大忙人，不如好好利用手账，试试看下述几点建议：

● 从规律的生活中，找出简单的快乐

（1）每天让自己幸福一次的“□每日一绿”

“□每日一绿”，能为各位带来每天的“幸福时刻”。工作忙碌时，精神消耗过多时，更应该提醒自己执行“□每日一绿”。这种方式已经介绍过好几次了，就是利用绿色笔，将自己的乐趣写出来即可。

“□每日一绿”的秘诀，就是找出“花少量的钱就能完成”“可单独完成”的事情。大多数的人在日常生活中，立刻会联想到的，应该就是“不买白酒，改买啤酒来喝”“享用已经入味的隔夜咖喱”等与“食物”有关的快乐。

因为人类最原始的欲望就是“口腹之欲”，所以当提到立即

可行的乐趣时，自然就会想到“食物”。只是，如果你的“☐每日一绿”全都与“食物”有关的话，可能会在金钱或身材上造成不小压力。

与食物有关的“☐每日一绿”，只适合刚开始使用手账的人，并以最初一个月为基准。只要留意一下“让自己内心期待雀跃的那一瞬间是什么时候”，就会发现其实身边充斥着许多“不用花钱，也能开心享乐的事情”。

“浏览心仪艺人的微博”“查询明年出国旅行地点”“利用上下班时间阅读想看的书”……如果是抽烟人士，也可以写下“悠哉地抽一根烟”作为“☐每日一绿”，或许还能发现许多过去不曾注意到，却很适合作为“☐每日一绿”的事情。好好执行“☐每日一绿”，你就会越来越了解如何让自己快乐，就能让每天的满足感大大提升。

（2）光看就让人期待不已的“购物清单”

“购物清单”可以避免浪费行为与压力型购物，也可以当作一种工具，让每天都能过得很开心。

每当认真思考想要购买什么物品时，是不是觉得很兴奋？只要心里想着，下个月就去买，所以要努力工作，这样一来，每天工作时就会士气高昂。

而且只要列出这份清单，还能增加许多意想不到的机会，例如在大甩卖时用意想不到的便宜价格入手，或是别人正好送自己想要的东西。与其天马行空地“幻想着”，不如将愿望具体描绘出来，这种喜悦感将会不同以往。“列出购物清单”可让每天的生活更加开心，所以将“列出购物清单”当作前文介绍的“□每日一绿”，也是个不错的方法。

（3）告别霉运，记下你觉得幸运的“小插曲”

“总是很倒霉”“老是不走运”，如果你常常这么想的话，最好赶快跟这种想法说再见。因为“霉运”很容易在潜意识下附身，这种想法很要不得。只要一有这种想法，就会在不知不觉间做出吃亏的选择，倒霉的事只会一直降临在自己身上，导致你总是无法事事如愿。想要简单消除这种没必要的想法，就要靠“开心”“幸运”笔记术。“幸运”的事情与遭遇，可以记在“周计划表”下方字段。

别人给的，在物质上有获得好处的感觉，自然都算作“开心”。例如：

○隔壁同事去出差，带了当地点心回来送我；

○和上司去喝酒，结果上司请客。

诸如此类，用绿色笔做笔记，并在开头处用○做记号。相反地，也会发生自己“送给”某人礼物的情形。例如：

● 请下属吃午餐；

● 公司客户结婚送礼。

当自己有所付出时，就将圆圈涂满颜色。

“幸运”，则是遇到好事或开心的事情，所以画上双圆圈做记号，当然也需用绿色笔做笔记。例如：

◎虽然下雨了，幸好有带伞；

◎谈完生意准备回公司时，正巧对方有时间，所以送我到车站。

另外，自己在偶然机会下使对方感到开心时，可画上双圆圈，并将小圆圈涂黑，如下述所示：

◉ 夸赞下属资料做得不错，下属很开心；

◉ 帮助迷路的人。

做笔记的同时，也能了解自己一天当中，能够拥有多少“开心”或“幸运”的感受。即使觉得自己“总是很倒霉”“老是不走运”的人，只要发生任何好事与收获时，立刻记在手账上，就能发现自己每天都过着幸福洋溢的生活。

将生活中偶然发生的好事记录下来，让自己感觉到“我的运气还不差嘛”，自然就能养成乐观看待一切的习惯。通过手账，也能将每天的幸运累积起来，利用手账疗愈自己的心灵。

只有发现自己每天都能得到许多幸福，才会有余力将“开心”或“幸运”的感觉分享给周遭的人，成为幸运循环的源头。

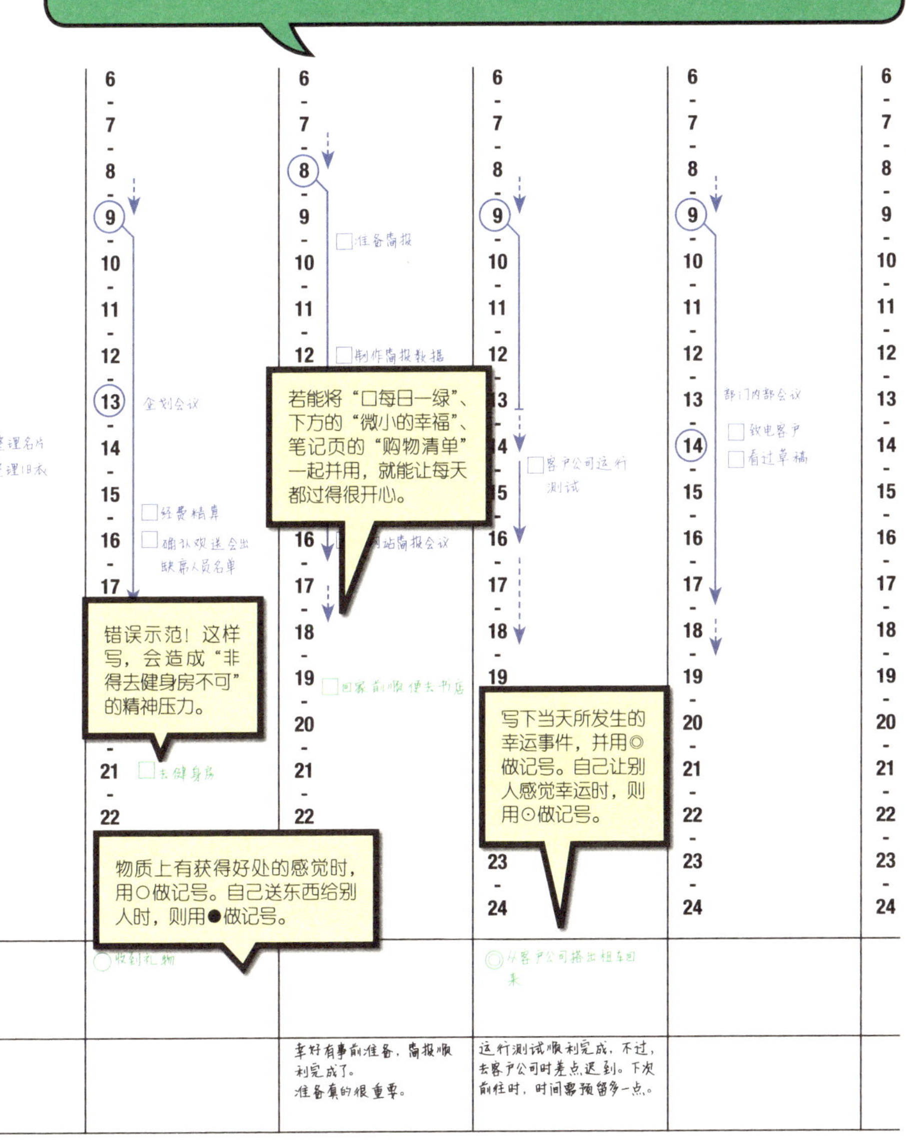
值得开心、幸运的事，会为平淡的生活带来乐趣
若能将“□每日一绿”、下方的“微小的幸福”、笔记页的“购物清单”一起并用，就能让每天都过得很开心。
错误示范！这样写，会造成“非得去健身房不可”的精神压力。
写下当天所发生的幸运事件，并用◎做记号。自己让别人感觉幸运时，则用⊙做记号。
物质上有获得好处的感觉时，用○做记号。自己送东西给别人时，则用●做记号。

记下成功的原因，找出你的必胜模式

松下幸之助有段知名的逸事，听说他在面试时会问对方："你的运气好不好？"而且只会录取回答"我运气好"的人。其实工作能力强的上班族，都是"运气很好"的人。这里说的运气，并不是很走运的意思，而是懂得掌握招来好运的方式。

● 找出为自己带来幸运的潜规则，好事就会一直来

招来好运，有模式可循，我们可以用以下几种方式，善用你的手账，让自己成为一个"会招来好运的人"。

（1）每天找出一件好事，记下来

只要能将每天发生的幸运的事记下来，就能发现，日常生活中自己常常"遇见幸运的事"。

简报被称赞、企划通过、想找的数据在意想不到的地方找到了。或许只是些微不足道的小事，但也是难能可贵的"好运"。无论多么微小的幸运，只要每天坚持记下，持续一个月，

记下好事和“小反省”，了解你的胜利方程式

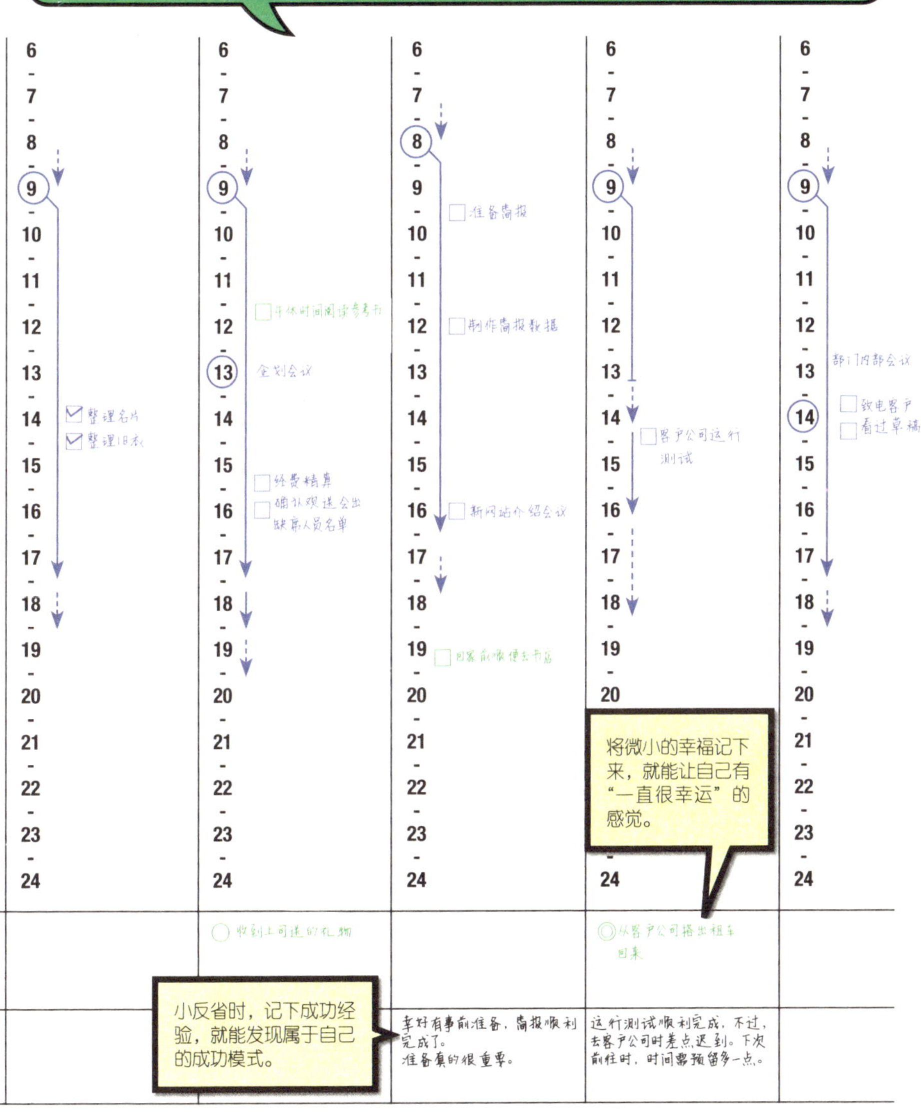

你就能成为非常好运的人。

（2）小反省，找出你的专属胜利方程式

如果各位想成为招来好运的人，前面介绍过的“小反省”，也能成为改变自己的一项很重要的武器。

将“行动、结果、反省”这三项内容记下来时，最容易陷入的迷思，就是将“反省”内容负面化。例如在描述出错的过程中，总是很容易将“反省”的内容写成“因为自己无能所以做不好”“运气不好”等等，这些负面描述手法，都是还未养成习惯前容易犯下的错误。

不过此时的重点在于“反省”，犯错时，就要找出犯错的原因。如果是工作不顺利，就该思考如何改善使工作顺利完成。所以这时候各位应该去思考的是，“下次怎么做才会成功”。

另外，并不只有在犯错时，才能将“小反省”写下来。工作上有什么顺利的事或是开心的事，也都能记下来。

例如：

去 A 公司谈合作。

合作谈成了。

成功原因在于介绍商品时加入了图解。

可以像这样，将当天顺利的情况以及要因仔细记下来。

笔记做久了，就能找出属于自己的胜利模式。只要能了解自己的胜利模式，就能轻而易举成为一直招来好运的人。

“一写就成真”的笔记术，要持续一整年

有时会突然发现，一整天下来什么都没做过就结束了。每天忙个不停，这样的日子是不是会感到不安，甚至引发焦虑呢？其实焦虑的是因为“你活得不像自己”。

“真正的自己”绝对不是“外在”表现出来的那样。你得花点时间，了解自己的优缺点，怀抱着目标以及梦想，才能在实现“更好的自己”的同时，了解真正的自己。

目标与梦想无须特别设定，因为目标与梦想会随着年龄的增长或环境的变化而有所变化。不能设定“绝对要怎样”，只要“暂时”有“这种感觉”即可。为了让你更进一步了解你自己，也为了让你活得更自我，不妨思考一下：你的目标与梦想是什么？

● 列出八个大目标，搭配“周计划表”一步步实现

不管想跨出多小一步，都必须先设定目标。如果你对此感到焦虑，代表你根本不清楚自己想要什么。如果只是随便想着

写下年度目标，让每天都过得很充实

“逐梦行动”一旦达成后，记得打钩，提高自信心。

November				
	□查阅TOEIC相关资料	□阅读TOEIC参考书	□购买TOEIC参考书	□查阅TOEIC相关资料
本周待办事项清单 □更新保险 □整理名片 □整理旧衣 本周计划清单 □将《人人都要有会计思维》看完 □找客户运用图书	☑整理名片 ☑整理旧衣	□午休时阅读参考书 企划会议 □经费精算 □确认欢送会出缺席人员名单	□准备简报 □制作简报数据 □新网站简报会议 □回家前顺便去书店	□客户公司运行测试 □品尝一杯好咖啡
		◎还好没淋到雨		◎从客户公司搭出租车回来
			幸好有事前准备，简报顺利完成了。 准备真的很重要。	运行测试顺利完成，不过，去客户公司时差点迟到。下次前往时，时间需预留多一点。

通过小反省可以避免再次出错，也能让自己更有自信。

“要累积资历”“要出人头地”，这样根本无法付诸行动。目标与梦想不必十分伟大或令人赞叹，无论多渺小的梦想，都能成为值得达成的目标。

编列“年度清单”，就能使今年的目标或梦想一目了然；而未来想成为什么样子，将这样的人生目标编列出来，就是所谓的“人生清单”。将这两项列表记在手账空白笔记页上，就能让你的目标或梦想具体实现！

编列“年度清单”与“人生清单”时，必须将“健康”“穿着打扮（外表）”等八大项目记上去，才能具体感受到圆满的幸福感。只要能将这八个目标写上去，自然就能了解你的目标在哪里。

将这两份清单编列出来后，接下来利用周计划表“逐梦行动”字段，将“架构”描绘出来，每天执行才能实现目标。先持续进行一个月，就能实际感觉到自己的变化，不再出现无所适从的焦虑感。

● 手账记录，要持续一整年

只要能确实且持续记录手账一整年，就能得到实质的收获。

除了前页所述的“年度列表”与“人生列表”，最好还能列出“五十大目标”。如果能够确实地“利用一整年实现目标”，并持之以恒，一定能让自己自信心大增。

另外，再试着在一年内依循笔记术原则，例如“一周内未来宣言”或“□每日一绿”等手法，等到一年过后，这本手账将满载着各位积极向上地度过每一天的记录。

时间是无形的，漫不经心地度过一年，并不会留下任何痕迹。但只要善用手账，确实朝着目标与梦想迈进，就能借由这本手账，帮助自己坚定地实现目标，并且带来自信。

想要过得不错的一年，就要为自己找出每月目标

长大成人后，会不会觉得时间过得特别快？小时候感觉一天、一周、一个月很漫长，但是最近会不会常常觉得“一年一下子就过去了”“突然发现已经过了一个月”。

这都是因为每天生活“没有主题”，才会变成这样。小时候对于身边发生的事情全都感觉很新鲜，长大成人后日常生活却变得一成不变，每一天都乏味至极。所以，才会感觉时间一下子就溜走了。

“这个月又是一下子就过去了，什么事情都没完成……”如果你不想再像这样后悔，建议大家每个月都要过得“有主题”。

而且在手账笔记术中，“可数字化的事物 = 目标”“不可数字化的事物 = 主题”。例如，“存款 × 万”就是目标，而“珍惜金钱”则为主题。

先在小手账笔记本其中一页，写下“每月主题（目标）”作为标题，再分别列出一月至十二月的“本月主题（目标）”。

可以是与工作相关具体的主题，例如“业绩第一”；或是抽象的主题，例如“商品热卖”；甚至是“不要生病，保持身体健康”这类与私生活相关的主题也无妨。

● 你的每月主题，帮自己远离问题

本章节的重点在于编列出“十二个月份的计划”，所以“暂定”的计划即可，将十二个月的主题全部列出来。你可以先预测“每年某个月份容易出现的状况”，例如换季时容易感冒，旺季时过于忙碌容易生病……再写下对策。将事先默认的“主题”写下来，就能避免问题产生，成为最佳防卫武器。

例如过完年后的三月，或是毕业季后的九月，有新人进公司或部门异动的时期，可写下“人际关系需圆滑一点”来提醒自己。也可以纵观十二个月份，用不同角度发现更多细节。

将“年度清单”与月计划表或周计划表联结起来，使主题更加具体化，并花一年时间予以执行，更能提高达标率。

例如，在“年度清单”的“工作”栏中，写下“培养更多与工作有关的技能、知识”。再将每月主题设定为“阅读工作相关图书”，例如“一月，阅读经营图书；二月，阅读管理图书……”具体制定出每月需执行的项目，并在月计划表上方，写下十二个月份的主题。不想让其他人看见的话，可以记在月计划表月初的地方。

例如“减肥 × 公斤”这类与健康有关的主题或目标，千万别一开始就过于贪心而设定下严苛的数字，这点相当重要。设定的数字必须真的可以达成，才能体会达成目标的喜悦，这也是此手法的主要目的。并在当月最后一天，反省本月主题是否达成，最后在主题下方写下几句感想，才能在一年结束后，顺利完成许多目标。

制定每月主题，完成年度目标

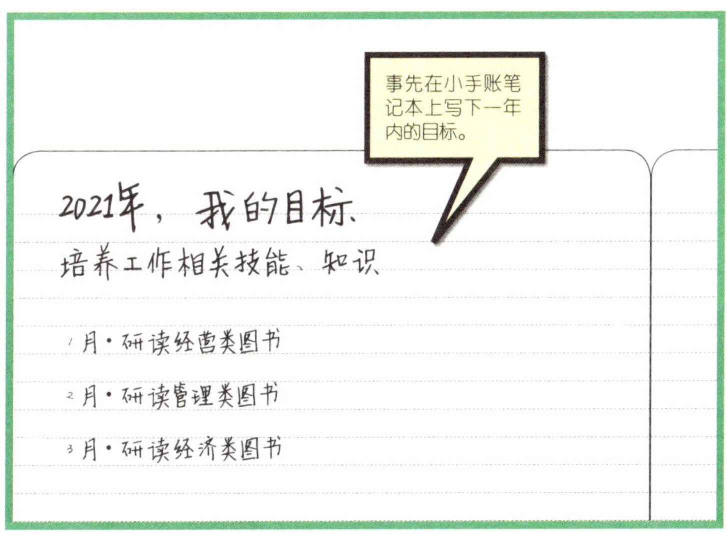

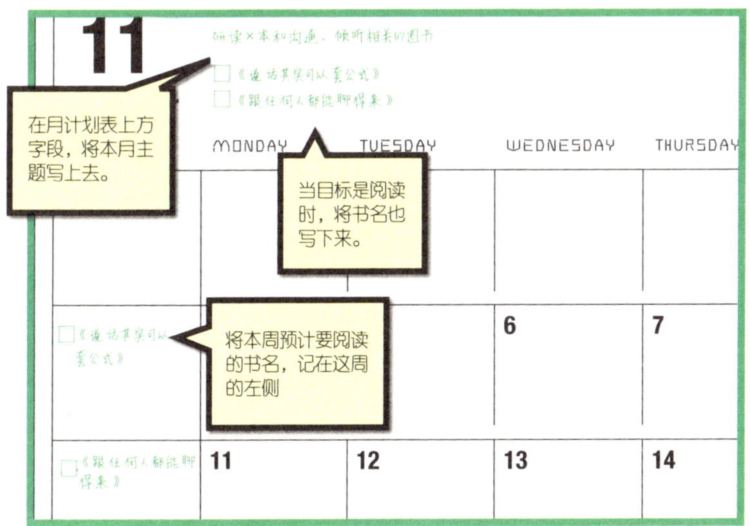

专栏 4

一本好手账，帮你克服人生的瓶颈时刻

在你身边，是不是有人总是能顺利走出瓶颈期？

进入社会后，每一天的生活很难完全避开各种问题或突发事件。这时候，每个人都希望能以恰当的方式顺利度过。其实只要善用手账，就能让你梦想成真。

你只需写下三行文字，进行“小反省”，并预先写下“一周内未来宣言”，光是做这两件事，就能让梦想成真。

举例来说，某日突然发生意想不到的困难，虽然会让人心情沉重，不过请将当天的突发事件以小反省的方式记下来，并写下“省思”，就能让心情平复。因为已经记下“反省”，当下次再发生相同问题时，就能避免重蹈覆辙，就知道该如何处理，也能在潜意识中进行模拟。“小反省”时够用心，面对突发状况时就能得心应手。

另外，针对可能发生突发事件的工作，也可利用“一周内未来宣言”的手法，事先做好准备。像是担心“下周会议可能

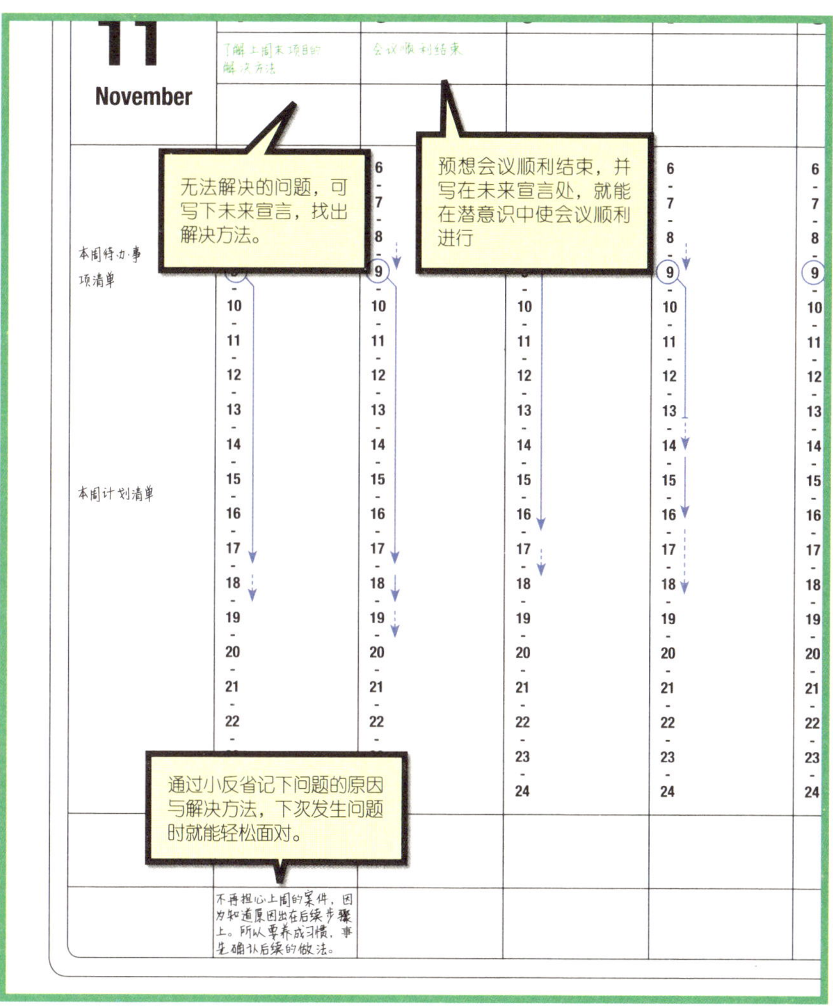
11
November
了解上周未项目的解决方法
会议顺利结束
本周待办事项清单
本周计划清单
无法解决的问题，可写下未来宣言，找出解决方法。
预想会议顺利结束，并写在未来宣言处，就能在潜意识中使会议顺利进行
通过小反省记下问题的原因与解决方法，下次发生问题时就能轻松面对。
不再担心上周的案件，因为知道原因出在后续步骤上。所以要养成习惯，事先确认后续的做法。

会一团乱……”时，可先写下“会议顺利结束”，加以文字化后，就能刻意加强“会议能顺利进行的感觉”。

人类的意志十分奇妙，只要刻意地想象，就能让行动朝着想象的方向进行。也可以通过模拟，为突发事件做好心理准备，让你的意志更加坚定。

“一周内未来宣言”很容易被误以为是种精神口号，不过，你可以实际感受看看这种想象的效果。只要能不断练习，不管面对什么样的问题，都能用轻松的态度来解决。

第5章

手账上的行程，也可以解决人际关系问题

手账，也是解决人际关系问题的工具

到目前为止，已经介绍了如何使用手账，让自己“洗心革面”。

在最后这个章节，将针对与他人有关的问题，教你如何通过手账解决人际关系问题。

● 感到挫折的原因和对象，具体写出来

手账，也能成为解决人际关系问题的武器。每个人在工作或职场上，总是会遇到一些难沟通的客户或难相处的同事，其实与这些人之间的关系，也能通过手账加以改善。

将小手账笔记本准备好，把“为什么觉得对方很难相处”的相关事情记下来。尽可能具体地描述，这点相当重要。

“没有汇报，所以才会出现问题。”

“生气时会口出恶语。”

“说话尖酸刻薄。”

将实际感受写下来后，你的心情会觉得平静不少。将心中

把不满的情绪化为文字，就是解决问题的第一步

只要将内心的抱怨如实记在小手账笔记本上，就能消除人际关系方面的压力。

没跟我汇报，才会发生问题

↓

如何让对方汇报？

↓

经常联系，让他可以定期向自己汇报

↓

每隔两天与对方联系，确认工作进度

的不满写出来，化为文字后，心里的郁闷也能获得纾解，使人冷静下来。不过，此时还必须再加上处理的方法才行。

比方说，“下属不汇报”，既然如此，“要如何让下属汇报？”。

“主动提醒他汇报。”

在待办清单上，将“向 × × 确认 × 项目”记上去。

只要了解那个人容易出问题的原因，就能善用手账加以追踪，事先预防出错。

● 是对方的问题，还是自己需要多做准备

持之以恒，就能减少下属出错，与对方的关系自然也能产生变化。此举甚至能当作“培养人才的一种练习”。

如果遇到的是“说话尖酸刻薄”的人，可将使自己感到受伤的言辞全部写下来，从中看出端倪。

如果是因为自己的疏失，可善用手账预防出错。如果并非如此，或许这句“伤害”自己的言辞，对自己而言特别敏感，但也许“工作上的困境”，会成为令自己成长的契机。

不过要是真的合不来，或是总是受伤害时，保持距离也是一种防卫的对策。

毕竟是工作上的关系，所以不需要“感情太好”，也可以干脆选择保持最低限度的来往。职场关系很难简单理清，更应该利用手账好好整理一番。

利用手账，初次见面也能聊不停

进入社会后，每天都会有很多机会“认识新朋友”，例如新项目的伙伴、客户、其他公司员工等。

“刚被分派到营业部门，不过还没办法好好为商品做简报。”

“‘闲聊’的时间感到十分痛苦。”

“拜访客户时总是很紧张。”

拥有这些烦恼的人，更应该善用手账。比方说，要前去洽谈一项新的合作，但你在为与客户的沟通发愁。

这时候，你应该先将“与 × 公司的 A 先生谈妥合作”记在月计划表的“本月待办事项清单”上，当实际碰面的日期快到时，再利用周计划表的待办清单，预留时间以确定当天谈话的内容，要具体调查对方背景。

倘若公司里有前辈会一同前往 × 公司谈生意的话，也可以向前辈询问一下 A 先生的背景，尽可能地获得他的信息，例如“A 先生对高尔夫很有兴趣”“A 先生好像有一个儿子”等等。

利用手账，为你打造超棒的“第一印象”

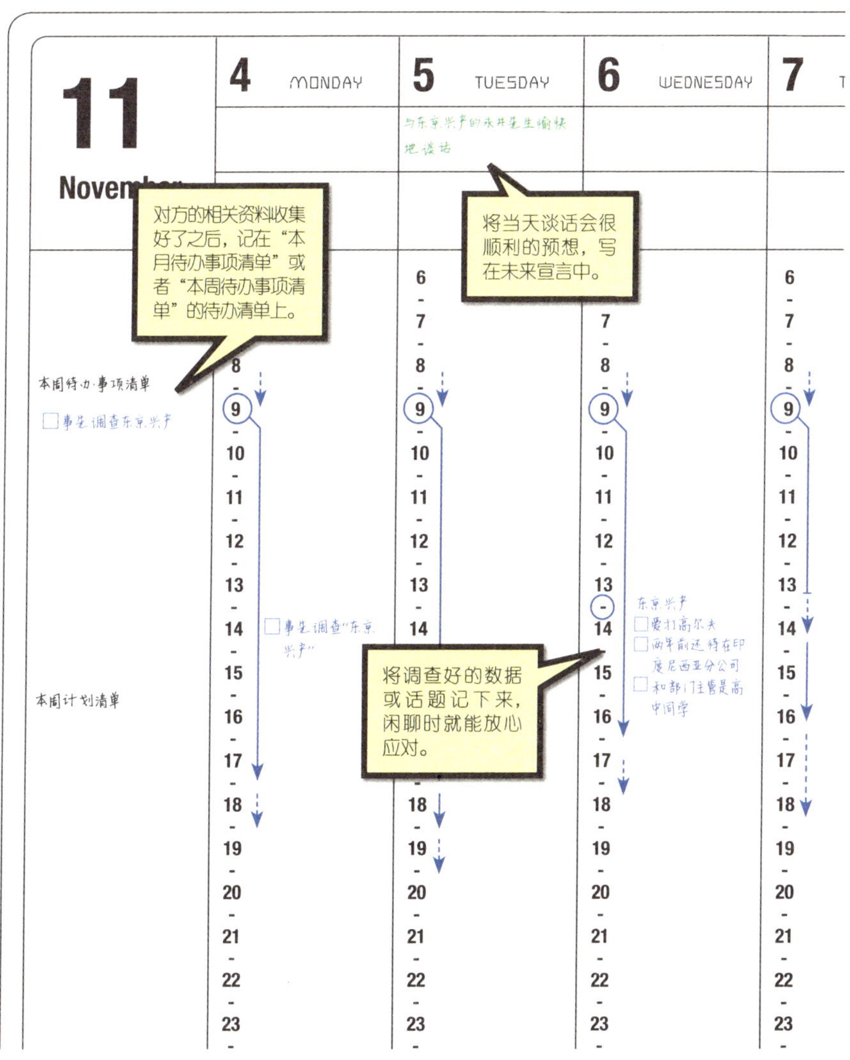

● 事先准备可能聊到的话题，不怕初次见面的冷场

如果是第一次来往的新客户，没有人可以打听任何信息时，不妨针对“× 公司”本身进行调查。例如何时创业、新商品是什么、公司在哪里等，这样就能产生一些话题，例如“已经看过前阵子推出的新产品了，真的很有趣呢”“听说附近开了间 × 店，我很感兴趣”。

再把这些“适合聊天”的话题，记在“周计划表”上预定会面的那一天即可。不知道聊些什么时，只要瞄一眼手账，就能马上想到话题，十分方便。

想让自己更安心一点的话，也可以利用“一周内未来宣言”手法，事先将“与 × 公司 A 先生聊得很开心，工作顺利谈妥”写下来，帮助自己消除不安的情绪。不然老是杞人忧天，烦恼着几天后的事情，只会影响手头上工作的进行。不如善用手账，提早消除内心的不安。

如同“因果法则”所述，结果是原因所造成的。所以将工作顺利完成的未来结果事先写在手账上，就能成为希望的种子，衍生出期望中的结果。

从“改变行程”的原因，看出谁最难相处

在各位周围的人际关系当中，有没有“一接触就会令人烦闷”的人？

即使是因为工作上的关系必须来往的客户，最近却很不想和他见面；虽然是好几年的老朋友了，但就是不想联络。

● 从取消的行程上，发现谁可以列入“拒绝往来户”

人际关系，其实是很容易产生变化的。原以为好相处的人，来往之后才发现自己不想与对方保持联络，不过对方却总是很积极地联系，所以邀约时便不好意思回绝，最重要的是，对方也不是什么“坏人”……相信各位都曾有过类似的经历。

像这种“不是很想联络”的对象，只要翻翻手账就能知道“他是不是个好相处的人”。

“下周的开会时间想要改一下。”

“原本周末约好要一起喝酒，结果突然有工作要忙，所以得

取消。”

当对方这么跟自己联络时，各位一定会先翻开手账，更改“月计划表”的预定行程吧？不过先等一下，更改预定行程时，千万不要用修正液涂掉。

或许你会说：“这样行程表不会变得乱七八糟吗？”就是为了避免这种情形，所以请依照以下所说的“删除方式”进行修改。

如果是因为自己的关系而变更的预定行程，请画上双删除线；若因为对方的关系而变更的预定行程，则打叉取消。

依照这种方式做笔记，一个月过后，只要看一眼月计划表，就能马上了解行程表有什么变化，也能借由这些变化，立刻知道是因为自己的关系，还是因为对方的关系。说不定，你平常感到反感的人就是经常变更预定行程的人。那么这个人对你而言，就没有继续和他保持密切联系的必要了。

即使若无其事依照对方要求将预定行程取消，也会在你的潜意识中对他留下不佳的印象。只要依照上述方式，就能看出谁是难相处的人，既然如此，不妨与对方保持一点距离吧！

更改行程别涂掉，用打叉和删除线划掉

● 把保持联络当成预定行程，减轻人际关系的压力

“可是完全不和朋友联络的话，好像说不过去……”

如果你有这种想法，不妨将不联络的现在视为冷静期，即使对方主动联络，也不用勉强自己答应任何邀约。保持一点距离，大约事隔一年后再联络看看。保持距离，也能保护自己。

如果对方是工作上认识的，无法隔这么久不接触，可以事先将“差不多要与 × × 先生联络”记在月计划表的“本月计划清单”上提醒自己。

有时也会遇到对方地位重要，没办法不来往的情形，不过自己内心已经认定对方不好相处了，至少心理上就会变得轻松一些。只要能看清对方与自己的关系，在心里保持一点距离，就能在心情不受影响下，冷静地与对方来往。

手账的四色原则，帮你在行程撞期时做抉择

人际关系越广，就越容易发生邀约撞期的烦恼。特别是年底圣诞节一到，撞期的情形一定不少。像这种时候，你会怎么做呢？

当两边想去的感觉各占一半时，例如：

“对工作升迁有帮助才报名的座谈会，却撞上因工作认识的朋友所邀请参加的派对。”

“大学友人聚会，撞上和公司前辈、同事一起打高尔夫球的时间。”

像这种时候，到底该去哪一边……很令人伤脑筋吧？

此时，请你务必以较为期待的那一边为优先。也就是用颜色分类时，判断为“绿色”（令人期待的事情）的那一边。

座谈会与派对，乍看之下一定是派对较令人期待，但是如果这场座谈会的讲师是自己崇拜已久的人呢？或者因工作认识的朋友，感觉好像不太合得来的时候呢？对自己而言，哪一边会比较令人期待，其实因人而异。

行程撞期时，选择“期待”的那一个

ESDAY	THURSDAY	FRIDAY	SATURDAY	SUNDAY
				1
	5	6	7 11:00 市场调查	8 11:00 市场调查
	12	13	14 ~~17:30 创业座谈会~~ 18:00 同学会	15
	19	20 15:00 开会	21 19:00 圣诞晚会	2
	26	27	28	29

当预定行程撞期时，可依据“期待的感觉”做取舍。

私人行程都用绿色笔做笔记，所以这阵子老是忙工作的人，不妨以绿色笔记的预定行程为优先，来作为判断的基准吧！

● 坚持做守信用的人，反而造成压力来源

其中当然也会有人认为，先敲定的行程比较重要，而以此作为优先级。这种方式也没错，不过这种方式会出现一个陷阱，你可能会选择自己并没有那么想去的行程。

不够真心、机械化地做决定时，乍看之下或许很轻松，但是总有一天心中一定会出现“其实我比较想做 ××”的不满情绪。这样一来就会在心中产生压力，导致无形的烦躁感，而且影响将逐渐扩大，最终甚至可能造成身心失衡。

以自己的感觉为优先，选择绿色笔做笔记的预定行程。当邀约撞期时，回绝某一方可能会感到罪恶感，不过这时候只要在手账里记下“下次以这方为优先”，或是利用小反省，提醒自己千万别忘记就行了。

增加内心感觉期待的机会，就能激荡出更多新发现或新机缘，也能使自己内心得到疗愈。一味忍耐放弃这种机会，其实是很可惜的一件事。一定要善用手账，着手安排重视内心感觉的行程表。

专门准备“给别人看”的手账计划表

到目前为止，已经介绍过许多手账的规则，但是还有一项规则尚未详细进行解说，那就是下述两项：

（1）无法公开的事情，不要记在月计划表上；

（2）私人相关事情、目标、个人感想等，需记在周计划表上。

● 写满行程的月计划表，就是拒绝的最佳理由

为什么要这样做呢？那是因为你的月计划表，要做到给别人看到也没关系。

各位可能一头雾水，为什么要把自己的手账给别人看呢？其实这个方法在经营人际关系时，可能成为一种绝佳的武器。

举例来说，有个和你不太合得来的朋友提出邀约。

“下次休假一起去打高尔夫球吧？”

“下周来打麻将吧？”

虽然很想回绝，但是考虑到工作上的关系，所以不好意思拒绝。遇到这种情形，其实真的很难找到一个适当理由礼貌地回绝。

最常被人使用的一个理由，就是“不行啦，我有工作要忙……”，但是这样对方可能会认为这只是借口，其实你根本不想赴约。

此时，不妨让对方“偷瞄一下”你的月计划表。只要依照本书规则做笔记的话，就会将每天上下班时间全部记在月计划表上。所以乍看之下，各位月计划表上的行程排得非常满。

这样一来，对方就会明白“你真的很忙”，也就不会再要求你赴约了。

● 分享可公开的手账行程，让你的工作更顺利

当私事记在“月计划表”上时，觉得用“约会”这种明显的字眼会感到不好意思的人，也可以用特殊符号或暗号来做笔记。为了让自己的手账看起来行程很满，就算是休息日，也要用绿色笔将那一天框起来。

整本手账中，只让月计划表保持可公开的状态，其实还有一个好处。那就是在工作上需要调整行程时，可以让对方看一

下月计划表，再做决定，将有助于行程安排更加顺利。而且和下属讨论一起外出的行程时，也可影印一份给下属以节省时间。

或许你有强烈的先入为主的观念——“手账是给自己看的，私人使用的物品”，不过，也可以试试看“写给其他人看的手账”这种大胆的用法。

让对方瞄一眼自己写满行程的手账，
回绝的成功率马上提高 90%

能让你成长的对象，才是“人脉”

可能会在工作上有所帮助，所以想认识更多人……应该有人会持有这种想法，因而不断参加异业交流会或派对吧？

不过有这种想法的人可能只会认识许多“朋友”，却无法遇见“真正有帮助的人”，这是因为他们根本不太了解“到底想认识怎样的人”。

● 认识很多人，不代表人脉广

像这种类型的人，最好列出一张“崇拜人物清单”。利用小手账笔记本或手账的空白笔记页，将想认识怎样的人，直接全部写下来，例如“未来独立创业时可给予建议的人”“可给予人生启示的人”“对 ×× 业界十分熟悉的人”等等。

即使在真实生活中遇见名人的概率不大，也不需要自我设限。只要你真的想认识对方，自然会多留意对方会出席的活动或座谈会等信息。将自己内心的愿望明确表达出来，就能加速实现。

“崇拜人物列表”与“购物清单”有异曲同工之妙，将心中的“愿望”具体以文字表达出来，写下来的愿望、目标、梦想，就能神奇地实现。

正因为你认真看待自己的目标，身边的人都知道你的期望，友人们也会特别为你留意相关的讯息：“我认识对 ×× 很熟的人！”光是想到能不断获得引荐机会，就令人十分期待！

而且当自己明白想认识什么新朋友后，就要主动出击。只要目标够明确，手账也能让“人与人之间的缘分”不断地串连起来。

和崇拜的人见面，打造更好的自己

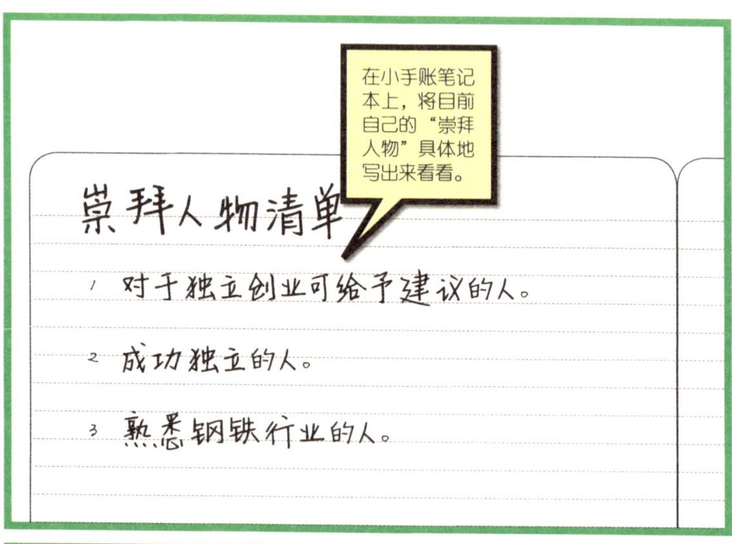

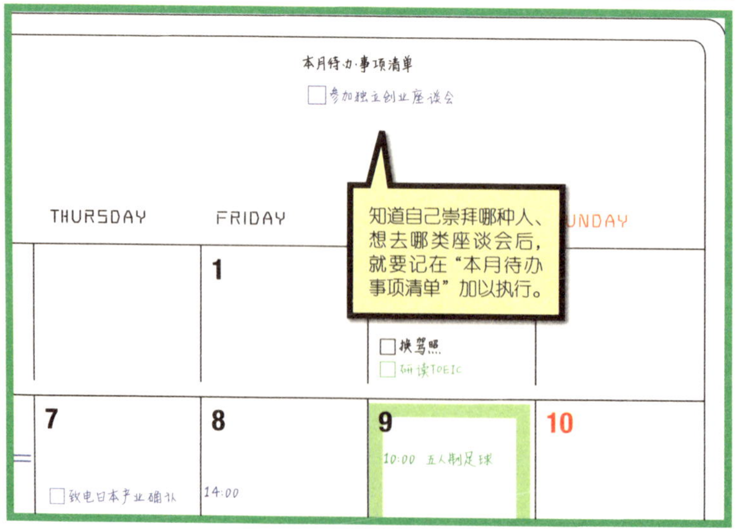

专栏 5

善用手账的特性，终结冗长会议

● 安排会议的“事前沟通”时间，让过程更顺利

工作上总是会遇到“烦闷的会议”。例如，毫无意义，只希望赶快结束的会议；或是想取得决议，却因为闲杂人等出席，使会议无法做出结论。想要减少这类“烦闷的会议”，其实通过手账就办得到。

当会议中需要自己表达意见或发布企划案时，会议的“事前准备”就相当重要。可利用手账的待办清单，确实做好事前准备，促使会议顺利结束。

例如花时间制作容易理解的草稿，或是准备数据时善用图片与照片。记得在手账上安排时间准备数据，促使会议顺利结束。

数据准备齐全后，接下来必须向其他与会人员打声招呼。其实这种“事前沟通”相当重要，而且非做不可。记得在周计划表当天的待办清单中，将“事先通知 ×× 先生会议相关事项”

记下来，提醒自己做好这项事前沟通。

“后天的会议我会提出这项建议，请您帮忙促成一下。”

“我在规划这项新企划，打算在会议中发布。”

事先在与会人员中找出支持者，就能让当天会议进行的情况变得不一样。所以请善用手账，在重要会议之前，将“事前准备”视为其中一项待办清单。

● 用成功的预告，提醒自己引导会议成功进行

另外还有一个方法也能派上用场，就是“一周内未来宣言”。宣言的效果已在前文中作过说明了，事先将“会议顺利进行”的愿望写在当天字段上。笔记方式如下：

“会议准时结束。”

“企划顺利通过。”

基本上在记手账时大多以自己作为主语，但在书写“一周内未来宣言”时，偶尔期待能“坐享其成”也无妨。有些会议总是意见分歧、争执不休，迟迟无法做出结论。像这种时候，可以写下“有人提出不错的意见，使会议取得共识”。虽然有点期待坐享其成，但也有可能让自己在潜意识中做出某些行为，在开会时引导他人提出有建设性的意见。

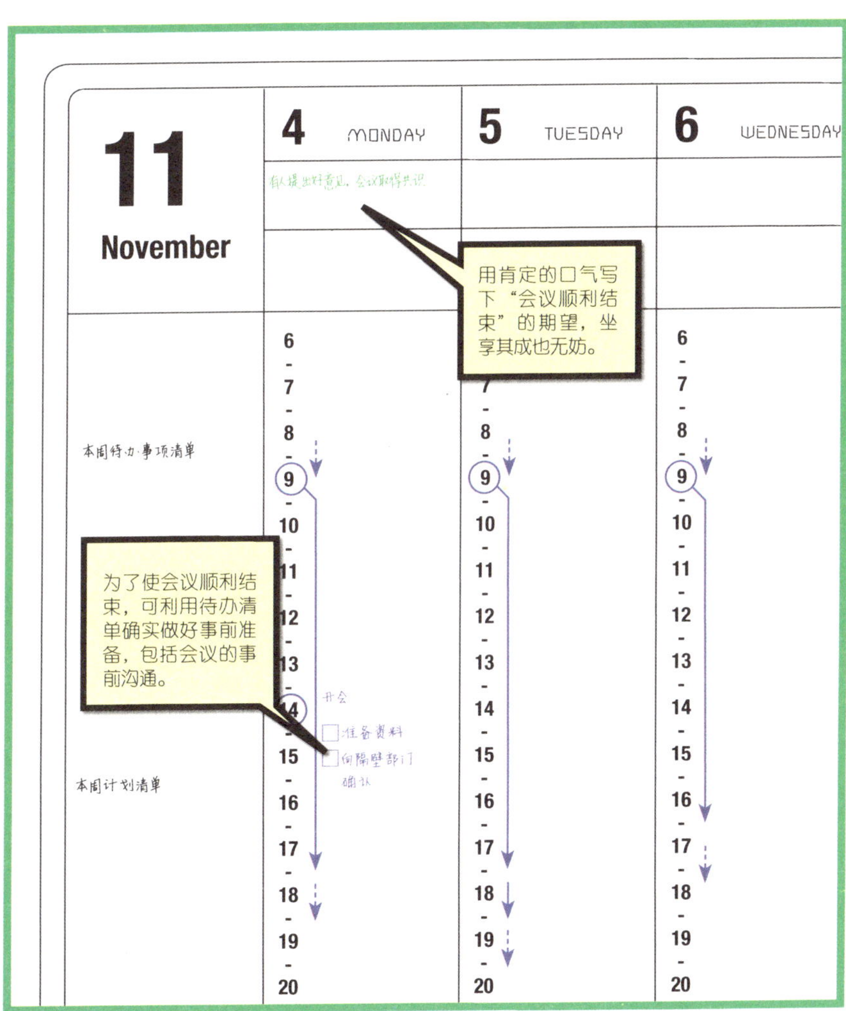
11
November
4 MONDAY
5 TUESDAY
6 WEDNESDAY
有人提出好意见，会议取得共识
用肯定的口气写下“会议顺利结束”的期望，坐享其成也无妨。
本周待办事项清单
为了使会议顺利结束，可利用待办清单确实做好事前准备，包括会议的事前沟通。
开会
准备资料
向隔壁部门确认
本周计划清单

顺带一提，有些会议会变成主管和与会人员冗长的报告时间，甚至令人质疑“这种会议一点意义都没有”，对于原本就十分忙碌的人而言，出席会议反而更会感到焦躁不安。结果开会并不是为了取得大家共识，只是花时间“消除主管的不安”而已。

不过，只要从不同的角度来看待会议，就能使焦躁不安的心情平复一些。此时不妨一边听着会议报告，一边偷偷地着手整理手账吧！

结语
写一本好手账，找回百分的人生

很久以前，手账给人的印象大多是，可放入西装口袋的小型手账。里面写满了工作上的待办事项，而且内页配置几乎都是一页为周计划表、一页为笔记页。

但是近年来，“直行型”与“每日型”的手账，特别受到年轻上班族的喜爱。“直行型”的特色，就是方便以每三十分钟为单位，安排每一天的详细预定行程；而“每日型”则是一天一页，因此做笔记的空间绰绰有余，可将繁多的预定行程或待办清单记上去。当然，这些手账都比“一页周计划、一页笔记”来得厚重，所以塞不进西装胸口的口袋里。

或许有人会认为，“这只是手账的流行趋势”，但事实上这也能反映出上班族或粉领族的困扰，例如个人工作量增加、工作复杂化、信息处理量的增加等等。

过去只要坐在办公桌前把主管派下来的工作做完就好。但是随着上班族多任务化，工作形态变得越来越复杂、多元，每

天必须处理的电子邮件数量超越一般函件。即使提倡“工作与生活的平衡”声浪不断，但仍然有很多人周末也无法好好放松。

20 世纪 80 年代后期，劳动过度所引起的“过劳死”社会问题，不仅是日本特有的现象，很多国家也面临了同样的危机。然而，这种现象并未获得改善，近年来更衍生出“新型抑郁症”“黑心企业”等名词，更加突显出每个人都要善待自己的重要性。

现今“过劳死”并不是陌生的现象，所以你更需要知道如何用手账管理生活和工作，将手账当作武器，用笔记术管理并整理你的人生，确保在工作之余，你还有力气过属于自己的时间。

上班族不带手账，就像没带地图或武器上战场一样。放在包包里的手账虽小，却是最有力的后援，也一定能帮助你在社会的滚滚洪流中全身而退。而每天记载在手账里的幸福时光与成长印记，相信各位一定都能确实感受得到！

佐藤惠